Hans Georg Hoyer
Thomas Zipsner

Denken

... denn leben ohne denken

ist zwar möglich,

aber sinnlos.

Impressum

1. Auflage

Text und Bildredaktion: Hans Georg Hoyer, Thomas Zipsner

Bildbearbeitung: Hans Georg Hoyer

Bibliografische Information der Deutschen Nationalbibliothek:

Die Deutsche Nationalbibliothek verzeichnet diese Publikation in der Deutschen Nationalbibliografie; detaillierte bibliografische Daten sind im Internet über dnb.dnb.de abrufbar.

Herstellung und Verlag: BoD – Books on Demand, Norderstedt

ISBN 9783756231720

Inhalt

Prolog

Wenn Sie dieses Büchlein lesen, dann denken Sie dabei mit „fremden“ Gehirnen. Warum?

Was gelesen werden kann, muss vorher geschrieben worden sein. Was geschrieben wurde, muss vorher erdacht worden sein. Jedes Lesen ist also das Wahrnehmen fremder Gedanken und, indem wir über das Gelesene (die fremden Gedanken) nachdenken, denken wir phasenweise mit einem bzw. mit mehreren fremden Gehirnen, je nachdem, wie viele Gehirne beim Schreiben beteiligt waren. Konkret waren an diesem Büchlein letztlich eine ganze Menge von Gehirnen beteiligt – eine genaue Zahl ist jedoch nicht mehr zu ermitteln. Die Bücherliste im Anhang repräsentiert nur einen Bruchteil der tatsächlich „beteiligten“ Gehirne. Natürlich ist Lesen nicht automatisch gleich Denken, das wäre jetzt wirklich ein bisschen zu einfach. Schließlich können wir auch lesen, ohne zu denken. Das macht zwar keinen Sinn, aber es passiert. Wir lesen etwas, sind unkonzentriert, und unsere Gedanken schweifen ab. Hinterher haben wir zwar etwas „gelesen“, haben aber keinen blassen Schimmer davon, was es war. Was sagt uns das? Wir können lesen, ohne zu denken, was aber sinnlos ist. Sinnvoller ist schon „lesen und gleichzeitig denken“, was aber unsere volle Konzentration erfordert. Offensichtlich ist das Denken eine ziemlich komplizierte und manchmal auch anstrengende Angelegenheit.
Der Psychologe Daniel Kahneman unterscheidet in seinem Buch „Schnelles Denken - langsames Denken“ genau zwischen schnellem Denken und langsamen Denken. Nach seiner Auffassung bedeutet „schnelles Denken“ den Anteil des Unterbewusstseins beim Denken.

Wir bekommen ganz fix „Denkergebnisse", ohne zu wissen, wie wir zu diesen Ergebnissen gekommen sind. Zack, sind sie da, und weil sie da sind, müssen sie von irgendwem bzw. irgendwoher gekommen sein. Einzige passable Antwort: Wenn wir es nicht waren, muss es unser Unterbewusstsein gewesen sein, wer sonst?

Langsames Denken hingegen ist bei Kahneman der Anteil unseres Bewusstseins beim Denken, denn wir müssen die Ergebnisse bewusst „erarbeiten" bzw. „erdenken". Eine komplizierte Rechenaufgabe müssen wir z. B. mühsam Schritt für Schritt lösen, da hilft uns niemand und das dauert seine Zeit. Das Unterbewusstsein wäre damit total überfordert.

Bei allem Respekt vor Daniel Kahneman, er ist ein großartiger Psychologe und sein umfangreiches Buch zeugt von ungeheurem Fleiß und Sachverstand. Trotzdem darf zumindest hinterfragt werden, ob die Aktivitäten des Unterbewusstseins wirklich dem Denken zugeordnet werden sollten. Wenn wir selbst überhaupt keinen Zugriff auf die Aktivitäten unseres Unterbewusstseins haben, gehören diese dann zu „unserem" Denken? Wer oder was denkt außer uns noch „in uns" herum und wer davon hat das letzte Wort bzw. wer oder was bestimmt dann unser Denken? Können wir auch leben ohne selbst zu denken und wer oder was denkt dann in oder für uns?

Diese und viele andere Fragen rund um unser Leben, unser Fühlen, Denken und Handeln, diskutieren wir in diesem Büchlein. Wir laden Sie ein, unsere und dabei noch jede Menge fremder Gedanken zu lesen und vor allem mit- und nachzudenken. Sie werden erfahren, nicht nur lesen ohne denken ist möglich, auch *leben ohne denken ist möglich, aber* beides ist *sinnlos*.

Wie wir wurden was wir sind und warum wir denken wie wir denken

Kennen Sie den Spruch: „Ich denke, also bin ich“? Vor 200 Jahren mag diese damals hochphilosophische Erkenntnis von Descartes in bestimmten Kreisen der Knaller gewesen sein. Aus heutiger Sicht reißt das niemanden mehr vom Hocker. Bleiben doch drei wichtige Fragen unbeantwortet:

- Wer oder was bin ich?
- Was denke ich und warum?
- Was ist Denken?

Auch 200 Jahre nach Descartes nehmen wir unser Denken als natur-gegebene Selbstverständlichkeit hin, praktisch als angeboren. So wie wir ganz normal und selbstverständlich atmen, hören und sehen können, können wir eben auch denken. Denken kann doch jeder, oder? Pustekuchen! In Wirklichkeit haben wir keinen Plan, wer oder was wir wirklich sind, wie wir ticken und warum wir wie und was fühlen, denken und handeln. Warum auch?

Wir haben doch alles, was wir brauchen. Wir haben ein mehr oder weniger vernünftiges Klima und Luft zum Atmen. Wir haben in der Regel sauberes Wasser, genug zu trinken und zu essen, ein Dach über dem Kopf und, ganz wichtig, ein Handy oder ein I-Pad. Damit holen wir uns die „Welt ins Wohnzimmer“ und haben soziale Kontakte im Überfluss. Wenn wir unser Gehirn nicht gerade mit Nachrichten und Fakes aus aller Welt versorgen, können wir unsere Freizeit mit mehr oder weniger sinnfreien Filmen, Talkshows und Computerspielen totschlagen. Natürlich können wir auch mit vermeintlichen Freunden chatten oder twittern und unser Geld auf sogenannten Dating-Portalen vernichten. „C'est la vie“ - das ist das Leben. Falsch, denn nebenbei müssen wir ja noch die

Schule besuchen, eine Ausbildung absolvieren oder einer geregelten Arbeit nachgehen, und dabei gibt es viel und oft zu bedenken. Da bleibt halt auch wenig oder gar keine Zeit, über die o. g. Fragen nachzudenken.
Wer oder was sind wir? Auch darüber nachzudenken haben wir keine Zeit, und was „Denken" wirklich ist, warum wir wie und was denken, dafür müssen wir uns nun wirklich nicht auch noch interessieren und darüber nachdenken. Es ist zweifellos unser großes Dilemma: Wer sich für alles interessieren will, kann sich für nichts richtig interessieren. Dabei gibt es genug Dinge, die uns wirklich interessieren sollten:

- Die Klimakrise ist in aller Munde: Trockenheit und Dürre, Überschwemmungen, Tornados usw., die Folgen der menschengemachten Erderwärmung sind deutlich spürbar.
- Wir verschmutzen die Luft mit jeder Menge Feinstaub und wundern uns, dass unsere Lungen geschädigt werden.
- Nebenbei verpassen ca. 20 % der Weltbevölkerung „freiwillig" ihren Lungen täglich eine gehörige Portion Schadstoffe durch das Rauchen.

Fakt ist:
Jedes Jahr sterben deutschlandweit schätzungsweise 140.000 Menschen an den Folgen des Rauchens - weltweit sind es über sieben Millionen Menschen. Damit ist weltweit jeder siebte Todesfall oder 13 Prozent aller Todesfälle auf die Folgen direkten Rauchens zurückzuführen, weitere zwei Prozent entfallen auf die Folgen von Passivrauchen. Allein in Deutschland belaufen sich die jährlich durchs Rauchen verursachten Krankheitskosten auf über 20 Milliarden €. (Quelle: Rainer Radtke; de.statista.com vom 21.01. 2020).

- Wir verseuchen den Boden und unsere Ozeane und damit unser Trinkwasser mit Mikropartikeln aus Kunststoffen, Chemikalien Arzneimitteln, Düngemitteln, Schwermetallen und diversen anderen giftigen Substanzen.
- Wir vertilgen zu viel billiges Fleisch, das unter „tierunwürdigen“ Bedingungen und unter Einsatz von Antibiotika „produziert“ wird, wodurch wir selbst resistent gegen Antibiotika werden.
- Wir vertilgen zu viel billigen Fisch, wodurch die ohnehin mit Mikroplastik und Schwermetallen belasteten Fischbestände weiter reduziert werden. Massentierhaltung hat in Form von Fischfarmen längst auch in den Meeren Einzug gehalten und auch hier werden mit Antibiotika die bei der Massentierhaltung zwangsläufig häufiger auftretenden Krankheiten bekämpft.
- Zusätzlich vertilgen wir jede Menge mit Pestiziden verseuchtes Obst und Gemüse und jede Menge anderer industriell produzierter Nahrungsmittel, die mit einer Überdosis Zucker schmackhaft und mit zusätzlichen Konservierungsstoffen haltbar gemacht werden .

Alle Menschen können das wissen, und trotzdem wundern wir uns noch darüber, dass pro Jahr Millionen Menschen weltweit an Krebs erkranken, wie folgende Meldungen aus den letzten Jahren belegen:

In Deutschland sind im Jahr 2019 rund 231.000 Menschen an den Folgen einer Krebserkrankung gestorben – 125.000 Männer und 106.000 Frauen. Das teilte das Statistische Bundesamt anlässlich des Weltkrebstags mit.

Demnach war Krebs die Ursache für ein Viertel aller Todesfälle in Deutschland. Dieser Anteil habe sich innerhalb der vergangenen 20 Jahre kaum verändert, auch wenn die Zahl der Krebstoten seit 1999 um rund zehn Prozent gestiegen ist. Ein Fünftel aller an Krebs Verstorbenen war jünger als 65 Jahre.
(Quelle: Statistisches Bundesamt)

Der renommierte Krebsbiologe Robert Weinberg hat sein berufliches Leben der Suche nach den Ursachen und Therapiemöglichkeiten bei Krebs gewidmet. Trotzdem verkündete er auf einer Konferenz in Amsterdam 2011 eine für Biologen überraschende Botschaft:
Ungefähr die Hälfte aller Krebserkrankungen hat ihren Ursprung im Verhalten. Rauchen, ungesunde Ernährung und Bewegungsmangel, der zu Übergewicht führt - das sind die entscheidenden Faktoren. Diese Gewohnheiten werden in der frühen Kindheit oder Adoleszenz (Endphase des Jugendalters) angelegt.
Um diese krebsfördernden Gewohnheiten zu verhindern, müssen wir damit früh beginnen, Kindern und Jugendlichen Gesundheitskompetenz zu vermitteln.
(Quelle: Gerd Gigerenzer: „Klick"; C. Bertelsmann).

Leider verhallen diese und viele andere wertvolle Erkenntnisse in den unendlichen Weiten von Bürokratie, Unaufmerksamkeit, Dummergenz und Profitstreben oder sie ertrinken in den Ozeanen von Informationen und Desinformationen. Auch für unser diesbezüglich oberflächliches und ignorantes Verhalten werden die Ursachen bereits in der frühen Kindheit und der Adoleszenz angelegt. Warum? Weil „Denken" eben nicht gelehrt und gelernt wird.

Kritisches Denken, logisches Denken, strategisches Denken und das Hinterfragen von Informationen und den eigenen Gedanken, diese Fähigkeiten fehlen in den meisten Familien und trotz sprichwörtlicher „Überbildung" findet sich zum Thema „Denken" nichts in den Lehrplänen unsere Bildungssysteme.

In unserer Informationsgesellschaft werden wir nicht informiert, sondern mit Informationen förmlich überschüttet. Das bringt uns zwar nicht sofort um, schadet aber unserem Fühlen, Denken und Handeln enorm.

- Es schadet erstens, weil unser Gehirn nur eine begrenzte Anzahl von Informationen in einem bestimmten Zeitabschnitt verarbeiten kann.

- Es schadet zweitens, weil wenigstens die Hälfte der Informationen aus Müllinformationen, Lügen, Fake News oder „alternative Fakten" besteht.

- Es schadet drittens, weil wir nicht wissen und/oder nicht gelernt haben, wie unser Gehirn Informationen verarbeitet und welche Folgen das für unser Fühlen, Denken und Handeln, also für unser ganzes Leben hat.

Angesichts der bereits seit Jahrzehnten tobenden Konflikte um Rohstoffe, der andauernden Hungersnöte auf der einen, sowie überbordendem Wohlstand und der Wegwerfmentalität auf der anderen Seite, ist die Frage berechtigt, ob hier nicht irgendetwas gehörig schief läuft. Ich denke, also bin ich, hilft uns da überhaupt nicht weiter.

Die Weltbevölkerung verbraucht jährlich so viele Ressourcen, dass alle 7,5 Milliarden Erdenbürger bei gleichem Lebensstil fünf Planeten wie die Erde bräuchten, um nachhaltig zu leben. Da tatsächlich alle 7,5 Milliarden Erdenbürger einen höheren Lebensstil anstreben, bleibt die Frage, wo wir dann die Ressourcen der 5 Planeten hernehmen sollen.

Angesichts der kleinen Auswahl an Fakten zur Schieflage der Welt dürfen wir schon die Frage stellen, ob unser Fühlen, Denken und Handeln noch zeitgemäß ist, bzw. ob unser Fühlen, Denken und Handeln überhaupt jemals zeitgemäß war. Diese Frage kann nur mit einem klaren „Nein" beantwortet werden. 14.400 dokumentierte Kriege seit Beginn der Geschichtsschreibung sind nur ein, wenn auch nicht unerheblicher Beleg dafür.
Es wäre ein Leichtes, mit den bisher bekannten menschgemachten Katastrophen mehrere Bücher zu füllen.
Aber darum soll es in diesem Büchlein nicht gehen. Wir wollen ergründen, wie unser Fühlen und unser Denken entstanden sein könnte und wer oder was dieses Fühlen und Denken bestimmt. Warum? Weil Fühlen und Denken unser Handeln und damit unser Leben bestimmen. Wenn unser Leben (Handeln) nicht in Ordnung ist, dann muss entweder unser Fühlen und/oder unser Denken nicht in Ordnung sein.
Bevor wir jedoch versuchen, unser Fühlen, Denken und Handeln zu ergründen, sollten wir uns klar machen, wer oder was hier fühlt, denkt und handelt. Wer oder was sind wir und wie sind wir „wir" geworden?

Wo kommen wir her?

Dank vieler Wissenschaftler wissen wir, dass der Planet Erde vor ca. 4,5 Mrd. Jahren entstanden sein muss. Das Leben auf diesem Planeten Erde begann wahrscheinlich eines schönen Tages vor ca. 3,8 Mrd. Jahren mit einer winzigen Zelle im Urmeer, der Urzelle. Seither sind einige Jahrmillionen vergangen, in welchen die sogenannte Evolution „wütete", denn die kleine Urzelle hat die Evolution auf den Plan bzw. in die Welt gebracht.

Dank Darwin u. v. a. wissen wir, dass wir alles, was heute um uns herum so wächst, alles was mit und ohne uns durch die Botanik kreucht und fleucht, einzig der Evolution zu verdanken haben.

Unsere Existenz natürlich auch. Deshalb lohnt es sich, diese „Evolution" etwas näher zu betrachten. Nur wenn wir einigermaßen nachvollziehen können, wie wir zu fühlenden, denkenden und handelnden Menschen geworden sind, können wir

1. ***Klarheit gewinnen, wer oder was wir sind und***
2. ***wie und warum wir so fühlen, denken und handeln, wie wir (leider) fühlen, denken und handeln***

Die Evolution, unkonventionell und stark vereinfacht

Die ersten lebenden Urzellen müssen eines Tages irgendwo im Urmeer entstanden sein. Wie genau, werden wir vermutlich nie erfahren. Alle bisherigen Versuche von Biologen, eine dauerhaft lebensfähige Zelle im Labor herzustellen, waren erfolglos.

Fakt ist, dass alles was lebt, auch Stoffwechsel betreibt, d. h. Nahrung zur Energiegewinnung aufnehmen muss.

Die ersten „lebenden“ Urzellen können sich nur von „leblosen“ Molekülen in Form von Mineralien (anorganischen Stoffen) aus dem Urmeer ernährt haben, denn es war definitiv nichts Anderes zum Fressen da.

Fakt ist auch, dass eine Zelle aus rein physikalischen Gründen nur eine bestimmte Größe erreichen kann, ohne instabil zu werden und zu zerplatzen. Selbst die Evolution musste sich an die physikalischen Gesetze halten. Alles was zu groß wurde, zerfiel in seine Bestandteile bzw. war nicht lebensfähig.

Aus irgendeinem cleveren Zufall schafften es einige Zellen, sich vor dem Zerplatzen einfach zu teilen. Wahrscheinlich schafften das von Anfang an nicht alle, aber „überlebt“ haben im Sinne von Arterhaltung definitiv nur die Zellen, die sich selbst teilen konnten. Bei der Teilung ging es mitunter nicht ganz korrekt zu. Deshalb entstanden über Jahrmillionen hinweg und wieder aus reinem Zufall große, kleine, dicke und dünne, auf alle Fälle recht unterschiedliche Zellen. Wieder eines schönen Tages muss zufällig eine kleine Zelle in eine große Zelle hineingeschlüpft oder beim Herumtoben hineingepurzelt sein. Die Außenhaut mancher Urzellen war wohl noch ziemlich wabbelig und durchlässig.

Beide Zellen hatten natürlich noch kein Gehirn. Deshalb konnten sie nicht denken und sich auch nicht streiten.

So arrangierten sie sich notgedrungen, lebten fortan (wie ein Paar) glücklich und zufrieden vereint und teilten sich in die täglichen Aufgaben.

Die fachlich korrekte Beschreibung dieses Vorganges beschreibt die „Symbiontentheorie“ von Lynn Margulis.

Die kleine Zelle fühlte sich im Inneren der großen Zelle gut aufgehoben, denn sie hatte ab diesem Tag keine Probleme mehr mit der teilweise unangenehmen und feindlichen

Umgebung. Auch für Nahrung in Form von Mineralien war gesorgt. Vermutlich wurde es der kleinen Zelle aber mit der Zeit langweilig, und so fing sie an, die anderen Organe der Zelle herum zu kommandieren und zu koordinieren. Die kleine Zelle wurde zum Bestimmer, zum sogenannten Zellkern, weshalb sie (bzw. der Zellkern) auch als das Gehirn einer Zelle bezeichnet wird.
Die große Zelle stellte diverse Zellorgane für den Stoffwechsel zur Verfügung und machte ansonsten das, was die kleine Zelle in Form des Zellkerns so wollte.

Zwischenfazit:
Zellen sind sowohl der Ursprung allen Lebens als auch die kleinsten Lebewesen. Zellen sind winzig klein und doch in ihrem Aufbau so komplex, dass es noch keinem Menschen gelungen ist, eine lebensfähige Zelle im Labor entstehen zu lassen. Warum?
In der DNS (Desoxyribonukleinsäure) des Zellkerns einer Zelle sind der komplette Bauplan sowie Arbeitsanweisungen für die „Nachwuchszellen“ gespeichert. Bei der Zellteilung werden diese Informationen kopiert, damit jede neue „Teilzelle“ wieder den erforderlichen Bauplan zur Reproduktion besitzt. Und hier liegt der Hase bzw. die ganze Crux der Evolution im Pfeffer. Beim Kopieren dieser hochkomplexen „Bauanleitungen“ passieren zwangsläufig ab und an Fehler. Reiner Zufall, ob, wann und welcher. Es passiert auch nicht oft, aber immer öfter. Aber, ein „veränderter“ Bauplan bringt eine „veränderte“ Zelle zutage - die Mutante. Diese „Zellmutante“ kann entweder schlechter, besser oder genau so gut wie ihre „Mutterzelle“ gegen bedrohliche Umgebungseinflüsse gewappnet sein.

- Im ersten Fall sinkt ihre Überlebenschance und ggf. kann sie sich nicht großartig vermehren – Pech gehabt, sie stirbt früher oder später aus.
- Im zweiten Fall kommt sie etwas besser zurecht, kann sich deshalb erfolgreich vermehren und gewinnt sozusagen schon quantitativ die Oberhand.
- Im dritten Fall kann es mal so oder so ausgehen.

Trotz zum Teil suboptimaler Existenzbedingungen im Urmeer nahm vor Millionen von Jahren nicht nur die nackte Zahl der Zellen rapide zu. Die Mutationen sorgten für eine große Vielfalt ganz unterschiedlicher, lebensfähiger Zellen. Und was passiert, wenn immer mehr Zellen im Urmeer herum wuseln? Es kommt zur Rudelbildung. So entstanden diverse Zellgruppierungen, welche sich Jahrmillionen später zu diversen Zellhaufen zusammenschlossen.

Im Zellhaufen stiegen die Überlebenschancen einzelner Zellen und Zellgruppierungen. Außerdem kam es in der „Gemeinschaft" ganz automatisch zu Arbeitsteilung und damit zu „Zellspezialisten", die ihre Aufgaben besonders gut erledigen konnten. Schließlich waren die Zellen im Inneren eines Zellhaufens ebenso gut geschützt wie einst die kleine Zelle in der großen Zelle. Während die äußeren Zellen den Zellhaufen ernähren und schützen mussten, konnten sich die Zellen im Inneren des Zellhaufens um die Organisation kümmern. Logischerweise entstanden aus unterschiedlichen Zellen und Zellgruppen auch ganz unterschiedliche Zellhaufen und selbst äußerlich scheinbar gleiche Zellhaufen zeigten Unterschiede im Verhalten, weil ja immer mal wieder Mutationen bei der Zellteilung vorkamen.

Wie heute noch an diversen lebenden Zellhaufen überall auf der Welt zu beobachten ist, entstanden im Verlauf der

Evolution sowohl stockfaule als auch bienenfleißige Zellhaufenmutanten (heute: menschliche Zellhaufen).
Die faulen Zellhaufen trieben ziellos im Urmeer herum und „verstoffwechselten“ an Mineralien alles, was gerade im Urmeer zu finden war. Einige von ihnen wurden an Land gespült und lagen faul herum. Nachdem die Mineralien an der Oberfläche aufgefuttert waren, begannen sie im wahrsten Sinn des Wortes, Wurzeln zu schlagen, um an die Mineralien im Erdboden zu kommen.
Die fleißigen Zellhaufen hatten schon im Urmeer so etwas Ähnliches wie Geißeln bzw. Flossen ausgebildet, mit denen sie sich zielgerichteter herumtreiben konnten. An Land gespült, konnten sie damit auf Mineraliensuche „gehen“. Sie schlugen deshalb keine Wurzeln, sondern wanderten von Mineralienansammlung zu Mineralienansammlung.
Damit war die Trennung in stationäre Zellhaufen, wie z. B. Pflanzen, Pilze etc. und mobile Zellhaufen, den Tieren, vollzogen.
Und während die faulen, stationären Zellhaufen so vor sich hin dümpelten, entwickelte die Evolution bei den fleißigen, mobilen Zellhaufen, wieder mit Hilfe zufälliger Mutationen, aus den „Flossen“ zum einen Extremitäten wie Beine, Arme oder Flügel etc. zur Fortbewegung, sowie ein Steuerungsorgan in Form von Gruppierungen aus speziellen Zellen. Diese Zellgruppierungen waren notwendig, um die Mobilität des Zellhaufens zu organisieren und zu optimieren. Sie waren die Vorläufer der späteren Gehirne.

Wieder Jahrmillionen später muss einigen mobilen Zellhaufen mittels ihres Vorläufers eines Gehirns die „Idee“ gekommen sein, dass es bedeutend einfacher sein müsste, Mineralienansammlungen in Form stationärer Zellhaufen aus der Umgebung zu verspeisen, anstatt mühsam

irgendwo selbst nach winzigen Mineralien herum zu suchen. Die stationären Zellhaufen dösten ja sowieso nur faul in der Gegend herum und konnten nicht wegflitzen. Diese Strategie stellte sich, zumindest für die mobilen Zellhaufen, als äußerst erfolgreich heraus. Mit Hilfe dieser genialen Lösung zur Nahrungsabsicherung gelang es der Evolution neue, und auch größere und stärkere mobile Zellhaufenmutanten zu kreieren.
Kreieren ist hier natürlich das falsche Wort. Die Evolution kreiert nicht, sie mutiert völlig zufällig und die Mutation, die es schafft, sich zu vermehren überlebt. Es gilt:

Nicht die bestmöglichen Mutationen setzen sich im Evolutions-prozess durch und überleben, sondern die am wenigsten schlechten.

Allein der menschliche Körperbau liefert genügend Beispiele dafür, dass unvollkommene Lösungen beibehalten werden, also „überleben", obwohl es weit bessere gegeben hätte:

(1) Das Gehirn ist zwar das komplexeste Organ unseres Körpers, aber es ist extrem abhängig von einer geregelten Sauerstoffzufuhr. Ohne Sauerstoff sterben Gehirnzellen innerhalb kürzester Zeit ab und es kommt zu irreparablen Schäden oder zum Tode. Ein robusteres Gehirn wäre besser. Aber der Evolution hat es offensichtlich gereicht.
(2) Unsere Augen haben in der Mitte einen blinden Fleck, an dem wir
nichts sehen. Außerdem registrieren sie die Welt auf dem Kopf stehend. All das muss das Gehirn korrigieren, was unnötig Energie verbraucht. Dafür gäbe es bessere Lösungen.

(3) Unsere Luftröhre zweigt direkt von der Speiseröhre ab. Wir können uns also leicht „verschlucken“ und im Extremfall sogar ersticken. Da hätte es gewiss ungefährlichere Lösungen gegeben.

(4) Unsere Wirbelsäule ist für das Leben auf dem Lande und speziell für den aufrechten Gang viel zu schwach ausgebildet. Was bei unseren fischigen Vorfahren im Wasser kein Problem war, ist bei uns Menschen eine der häufigsten Ursachen für Schmerzen.

„Rückenschmerzen gehören neben Kopfschmerzen zu den häufigsten Schmerzproblemen. Sie haben eine hohe „Chronifizierungsrate“ und schränken die Lebensqualität erheblich ein. Chronische Rücken-schmerzen gehören in Deutschland seit langem zu den größten Gesundheitsproblemen. Sie erzeugen eine immense Krankheitslast, sind in erheblichem Umfang für medizinische und soziale Leistungen verantwortlich und verursachen enorme gesamtwirtschaftliche Kosten.“
Quelle: RKI 10.03. 2021

Was für den unvollkommenen Körperbau menschlicher Zellhaufen gilt, gilt natürlich auch für den Körperbau aller anderen Zellhaufen. Die Evolution behält einmal zufällig entstandene, vergleichsweise schlechte Lösungen bei, wenn diese das Überleben nicht wesentlich beeinträchtigen.
Der amerikanische Sozialwissenschaftler H. A. Simon hat in den 1970er Jahren sinngemäß folgende wichtige Erkenntnis gewonnen:
Bei Ungewissheit ist es sinnlos, nach der besten Lösung zu suchen. Es ist effektiver, sich mit einer zufriedenstellenden Lösung abzufinden (Quelle: Gerd Gigerenzer: „Klick“; C. Bertelsmann).

Diese Erkenntnis „kannte“ offensichtlich auch schon die Evolution, denn sie praktiziert sie bis heute aufgrund der zahlreichen Ungewissheiten, die das Leben auf der Erde begleiten.

So gesehen sind wir menschlichen Zellhaufen, wie alle anderen Zellhaufen auch, eine „zufriedenstellende Lösung“ in einer Welt voller Ungewissheiten. Ganz sicher jedoch sind wir nicht die „optimale Lösung“, egal, ob wir damit zufrieden sind oder nicht.

Weiter mit der Evolution: Aufgrund des umfangreichen Nahrungsangebotes in Form stationärer Zellhaufen konnten sich einige mobile Zellhaufen über Generationen hinweg stattlich vermehren. Allerdings gab es in bestimmten Klimazonen der Erde ein Problem: Die oberirdisch zugänglichen und nahrhaften Teile stationärer Zellhaufen starben im Winter ab und es blieben nur die Wurzeln. Einige der immer zahlreicher werdenden, großen, starken, mobilen Zellhaufen fanden an manchen Wintertagen nicht mehr genügend Nahrung und litten Hunger. Das war schlecht, denn aus dieser Mangelsituation heraus muss ein mobiler Zellhaufen eines schönen Tages, wahrscheinlich aus Versehen und natürlich völlig unabsichtlich, einen vermutlich schlafenden, nichtsahnenden, kleinen mobilen Zellhaufen mit einem stationären Zellhaufen verwechselt und sich daran satt gefressen haben. Diese neue Form der Ernährung verbreitete sich wie ein Lauffeuer unter den hungrigen, mobilen Zellhaufen. Es war nunmehr eine bewiesene Tatsache, dass mobile Zellhaufen auch andere mobile Zellhaufen „verstoffwechseln“ können. Anfängliche Verdauungsstörungen hat die Evolution fix durch Anpassung der Verdauungsorgane beseitigt.

Nicht wenige mobile Zellhaufen stellten flugs ihre Ernährung komplett um. Sie blieben auch im Sommer dabei, anstelle stationärer Zellhaufen (Pflanzen), auch andere mobile Zellhaufen (Tiere) für ihre Ernährung zu nutzen.

Fazit:
Die ersten mobilen Zellhaufen waren vermutlich allesamt „Mineralier", denn sie mussten sich zwangsläufig nur von Mineralien ernähren. Später erfolgte der komplette Umstieg zum „Vegetarismus". Irgendwann kam es dann zum blutigen Gemetzel und die Allesfresser (Omnivore) betraten die Bühne, von denen sich einige recht schnell zu reinen Fleischfressern (Karnivoren) mauserten.

Spätestens jetzt, in Wirklichkeit aber schon mit dem Verspeisen der ersten lebenden stationären Zellhaufen, begann in der Geschichte des Lebens auf der Erde das große Fressen und Gefressen werden.

Was sich in Form unterschiedlichster Zellhaufen während der Evolution über Millionen von Jahren so zusammenmutiert hat, klassifizieren wir schlauen ***menschlichen Zellhaufen*** heute nach dem Prinzip der „Nahrungskette". Warum dieses Prinzip „Nahrungskette" bis heute sehr wichtig für uns ist, können wir im folgenden Abschnitt lesen.

Die Nahrungskette

*Eine **Nahrungskette** bildet die linearen Nahrungsbeziehungen im Ökosystem ab. Sie ist nach den Trophieebenen (Ernährungsebenen) gegliedert.*

*Ein **Nahrungsnetz** bildet die mehrdimensionalen Nahrungsbeziehungen in einem Ökosystem ab. Es werden alle Räuber eines Lebewesens und alle Tiere und Pflanzen, die als Nahrung dienen, dokumentiert.* (Quelle: studyflix.de).

Im Detail sieht die Nahrungskette wie folgt aus:

1. ***Produzenten** (Erzeuger – stationäre Zellhaufen)*
   Produzenten stellen aus anorganischen Stoffen im Boden und aus Sonnenlicht durch Photosynthese organische Stoffe her.
2. ***Konsumenten** (Verbraucher – mobile Zellhaufen)*
   Alle Konsumenten fressen organische Stoffe (Zellhaufen). Abhängig davon, ob sie Pflanzen oder Tiere fressen, unterteilt man sie nochmal in Primärkonsumenten, Sekundärkonsumenten, usw.
3. ***Primärkonsumenten:** Pflanzenfresser* (Sie fressen die Produzenten, Bsp. Raupen, Hasen, Pferde, Kühe)
4. ***Sekundärkonsumenten:** Fleischfresser* / Prädatoren (Sie fressen die Primärkonsumenten, Bsp. Frösche, Katzen, Greifvögel)
5. ***Tertiärkonsumenten:** Fleischfresser*/Prädatoren (Sie fressen die Sekundärkonsumenten, Bsp. Adler).
6. ***Endkonsumenten***/Spitzenprädatoren: Spitze der Nahrungskette (Sie haben keine bedeutsamen Fressfeinde, Bsp. große Greifvögel, Wölfe, Tiger, Löwen, Menschen)
7. ***Destruenten*** (Zersetzer): Das Ende der Nahrungskette bilden die Destruenten. Zu ihnen gehören zum Beispiel Regenwürmer, Pilze und Bakterien. Sie zersetzen organische Bestandteile (tote Lebewesen und Abfallstoffe) in anorganische.
   (Quelle: studyfix.de)

Fazit:
Fressen und gefressen werden ist das logische Prinzip des Lebens auf dieser unserer Erde.

Wir Menschen (menschlichen Zellhaufen) stehen als „Endkonsumenten" an der Spitze einer Nahrungskette mit „trophischen Kettengliedern", wenn wir die Destruenten mal außen vor lassen. Namhafte Konkurrenz, die uns diese Position streitig machen könnte, ist nicht in Sicht. Allerdings ist unser Verhalten höchst unlogisch, denn wir Endkonsumenten sind vollauf damit beschäftigt, uns gegenseitig mit Mord und Totschlag von der Spitzenposition zu verdrängen. Dabei verschwenden wir keinen Gedanken daran, dass wir menschlichen Zellhaufen ALLE früher oder später die Bühne des Lebens verlassen müssen und danach von den Destruenten zersetzt werden. Es sei denn, wir wählen zu Lebzeiten die Feuerbestattung.

Die Evolution hat innerhalb der Zellhaufenwelt eine riesige Variantenvielfalt hervorgebracht, was nicht verwundern muss, denn Zeit genug (bisher rund 3,8 Mrd. Jahre) hatte sie ja.
Das Sprichwort „Was lange währt, wird endlich gut" gilt für die Resultate der Evolution nicht. Zu viele Zellhaufen, ob stationär oder mobil, sind einfach nur anwesend, weil die Evolution ohne *Sinn und Verstand* wild drauf los gebastelt hat, denn:

Sinn und Verstand haben wir Menschen überhaupt erst „erfunden", was durchaus eine bedeutende Leistung darstellt. Leider konnten sich beide „Erfindungen", wie so viele andere auch, nicht durchgängig bei allen Menschen durchsetzen – im Gegenteil...

Neben der enormen Vielfalt von Zellhaufen sind während der Evolution auch mehrere Reproduktionsvarianten entstanden. Wann die Evolution die verschiedenen mobilen Zellhaufen und ihre jeweilige Reproduktionsvariante im Einzelnen ins Rennen geschickt hat, ist schwer nachzuvollziehen. Auf jeden Fall kam die „Lebendgeburt" vermutlich erst mit den Säugetierzellhaufen in die Welt. Vorher mussten die an der Spitze der damaligen Nahrungskette stehenden Spitzenprädatoren, die eierlegenden Dinosaurier, vermutlich infolge eines Meteoriteneinschlages, erst aussterben. Denn wenn sie nicht ausgestorben wären, dann lebten sie vermutlich noch heute. D. h. ohne Meteoriten hätten die damaligen Endkonsumenten früher oder später alle Säugetiere, einschließlich unserer Vorfahren, einfach weggefressen. In diesem Fall hätte die Erde heute sicher ganz andere Probleme. Zumindest nicht die, die wir menschlichen Zellhaufen ihr sukzessive bereiten.

Die Evolution des Gehirns

Was wir im ersten Abschnitt zur Evolution nur gestreift haben, ist die Entstehung der Extremitäten, der Sinnesorgane und der inneren Organe mobiler Zellhaufen, und vor allem die des Gehirns. Diesen Entwicklungsabschnitt können wir natürlich nur ganz oberflächlich und hypothetisch beschreiben, da niemand dabei war, der es hätte für uns beobachten und aufschreiben können.

Vorstellbar wäre folgendes Szenario:
Je größer ein Zellhaufen wurde, umso weniger Kontakt hatten die Zellen im Inneren mit der Außenwelt, während die Zellen am Rand die volle Wucht der Umgebungseinflüsse abbekamen.

Zudem mussten die „Randzellen“ die Mineralien für die Ernährung aufnehmen und einen Teil davon irgendwie an die Zellen im Inneren des Haufens weitergeben, damit diese nicht verhungerten.
Über Jahrmillionen hinweg und mit Hilfe zufällig auftretender Mutationen bastelte die Evolution aus einem anfangs zufällig aus Zellindividuen zusammengewürfelten Zellhaufen, einen einigermaßen gut organisierten Haufen aus intensiv zusammen arbeitenden, völlig verschiedenen Zellspezialisten. Die damit erfolgte Arbeitsteilung verbesserte die Überlebenschancen dieser mobilen Zellhaufen erheblich. Es ist davon auszugehen, dass aus den Randzellen die sogenannten Sensorzellen für die Bildung von Sinnesorganen, die ersten Zellen für Extremitäten zur besseren Fortbewegung und natürlich auch die ersten Zellgruppen für Organe zum Luftholen und zur Nahrungsaufnahme gebildet wurden.
Aus den Zellen im Inneren des Zellhaufens müssen demzufolge die Verdauungsorgane, das Nervensystem inkl. Steuerungszentrale, die Lunge zur Sauerstoffaufnahme, das Herz-Kreislaufsystem und das Knochenskelett entstanden sein.

Wir können heute nur vermuten, dass die ersten „Sensorzellen“ anfangs lediglich Informationen hinsichtlich der Außentemperatur registrieren (fühlen) konnten.
Wurde es beispielsweise zu heiß oder zu kalt, mussten diese für den Zellhaufen teils lebensbedrohlichen Informationen irgendwie und möglichst schnell an die bis dato ahnungslosen Zellen im Inneren des Zellhaufens gesendet werden. Da schon innerhalb der Zellen zwischen den Zellorganen Informationen auf chemischen und elektrischen Wege übermittelt werden, bot sich diese Art

der Kommunikation auch zwischen den Zellen an. Der chemische Weg besteht darin, bestimmte Botenstoffe herzustellen, die zu den anderen Zellen flitzen und sozusagen als Boten eine Nachricht hinterlassen und/oder eine Handlung veranlassen.

Dafür begann die Evolution mit geeigneten Zellen ein Nervensystem zusammen zu basteln. Die Nervenzellen bildeten lange Zellfortsätze (Axone) und Dendriten zum Transport und Empfang elektrischer Impulse und chemischer Signale. Schließlich entwickelte sich aus den Nervenzellen ein Nervensystem inkl. einer Art Zentrale in Form eines Unterzellhaufens, dem Gehirn. Die Gehirnzellen mussten praktisch die von den Sensorzellen erhaltenen Impulse wieder in Gefühle (z. B. heiß oder kalt) umwandeln. Dafür müssen entsprechende Botenstoffe erzeugt werden, die dann über die Nervenbahnen zu anderen Zellen sausen, damit diese eine Reaktion, also eine Handlung auslösen (z. B. schwitzen oder frösteln).

Je mobiler ein Zellhaufen, umso komplexer das erforderliche Steuerungsorgan Gehirn. Ob Kriechmuskel, Schwimmflossen, Flügel oder Beine, jeder mobile Zellhaufen brauchte spezielle Unterzellhaufen für die Fortbewegung in seinem jeweiligen Lebensraum und einen weiteren Unterzellhaufen, der in der Lage war, die jeweiligen Fortbewegungsmittel zu steuern und zu koordinieren. Hier lief die Evolution zu ihrer Höchstleistung auf und entwickelte das Nervensystem inkl. Gehirn permanent weiter.

Wie komplex und schwierig allein die Koordination der Bewegung von zwei Beinen und zwei Armen inkl. Händen und Füßen ist, zeigen uns die Roboter, die dem menschlichen Körperbau nachempfunden wurden, z. B. beim Roboterfußball. Die Schnelligkeit eines

Roboterfußballers erreicht heute nur einen winzigen Bruchteil der Geschwindigkeit der Fußballer jeder beliebigen Altherrenmannschaft. Roboterfußballer könnten nie gegen Menschenfußballer gewinnen, selbst wenn deren Mannschaft durchweg aus unsportlichen Senioren bestehen und die Hälfte der Spieler wegen Foulspiels vom Platz gestellt würde. Dagegen hat der Schachroboter „Deep Blue" mit seinem „Computerhirn" bereits 1996 den damals amtierenden Schachweltmeister Gari Kasparow bezwungen. Ein Meilenstein in der Entwicklung der künstlichen Intelligenz.

Fazit:
Fußballspielen muss viel komplizierter sein als Schachspielen. Jetzt können wir endlich nachvollziehen, warum sogar mittelmäßige Fußballer mehr Geld verdienen als die besten Schachgroßmeister.

Spaß beiseite, die Koordination und Steuerung von Flossen, Flügeln sowie Beinen und/oder Armen stellt das Gehirn als Zentrum des Nervensystems vor enorme Herausforderungen, und das nicht nur bei Tausendfüßlern. Informationen aus der Umgebung sowie zur Position der Gliedmaßen müssen wahrgenommen, verarbeitet und bei der Steuerung der Flossen, Flügel und sonstigen Fortbewegungsmittel so umgesetzt werden, dass auch Tausendfüßler nicht über ihre eigenen Füße stolpern.

Um noch einmal auf unsere „Roboterfußballer" zurück zu kommen: Deren Handicap in Sachen Geschwindigkeit ist nicht vorrangig die Koordination bzw. die Steuerung mittels künstlicher Intelligenz, sondern die Umsetzung der jeweiligen Steuerungsbefehle in schnelle und flüssige Bewegungen.

Hauptsächlich bei der Mechanik hinken die Ergebnisse der menschlichen Konstruktionsleistung denen der Evolution in Größenordnungen hinterher. In absehbarer Zeit werden wir wohl die enormen Fähigkeiten von winzigen Nerven- und Muskelzellen kaum vollständig „nachbauen" können.

Wofür die Evolution Milliarden Jahre gebraucht hat, das können wir Menschen wohl weder in 20, in 100 noch in 1000 Jahren bewerkstelligen. Im Gegenzug reichen unsere aktuellen Fähigkeiten für die Entwicklung und Herstellung von Waffensystemen allemal dafür aus, die Ergebnisse von Milliarden Jahren Evolution in kürzester Zeit komplett zu vernichten. Darauf sollten wir nicht allzu stolz sein.

Resümee

So oder so ähnlich können wir uns den Prozess Evolution vorstellen. Das Ergebnis ist für alle Lebewesen unterhalb der „Trophieebene 6", also für alle außer für die Endkonsumenten und Destruenten, eher kein Glücksfall. Aber es ist die normalste Sache der Welt. So läuft das eben ab in der Nahrungskette, vielen Dank Evolution! Tierfreunde konstatieren trotzdem: Gerechtigkeit sieht sicher anders aus. Wenn wir im Fernsehen mit ansehen müssen, wie ein kleines Antilopenkälbchen von einer Löwin gerissen wird, packt uns kurzfristig das Entsetzen. Wenn wir dann sehen, wie die niedlichen kleinen Löwenbabys die tote Antilope anknabbern, weicht das Entsetzen schnell von uns, schließlich haben die süßen Kleinen ja Hunger!

Fazit:

Außer uns menschlichen Zellhaufen wissen alle anderen mobilen Zellhaufen mit Gehirn sowie alle stationären Zellhaufen ohne Gehirn auf dieser Welt nichts von „Gerechtigkeit". Sie sind wirklich einfach nur da um zu leben, und je nach ihrer Stellung in der Nahrungskette, um zu fressen und/oder um gefressen zu werden. Alle anderen Interpretationen entbehren jeglicher Grundlage.

Der völlig geistlose Prozess Evolution hat dieses Szenario, mit allem was auf dieser Erde lebt, hervorgebracht. Ohne Ziel, ohne Plan und ohne Sinn! Zufällig auch uns Menschen, und zufällig auch noch unser Gehirn mit bis dato einzigartigen Fähigkeiten. Und was tun wir Menschen mit unserem „Superhirn"? Neben allerlei Unfug und alltäglichem Unsinn versuchen wir permanent, der Evolution und ihren „Ergebnissen" im Nachhinein einen Sinn zu verpassen. Wir unterstellen der Evolution wider besseren Wissens planvolles bzw. zielorientiertes Verhalten.
Damit nicht genug, wir suchen nach einem oder „dem" Sinn unseres Lebens. Dabei verpassen wir vor lauter Sinnsucherei die besten Gelegenheiten, unserem Leben einen Sinn zu geben.

Sinn oder sinnlos?

Viele Menschen begeben sich auf die Suche nach dem Sinn des Lebens und finden - ***nichts***. Einige Menschen glauben oder sind fest davon überzeugt, den Sinn des Lebens *gefunden* zu haben. Pustekuchen, sie irren sich, denn niemand kann „den Sinn des Lebens" finden. Warum? Weil es den „Sinn des Lebens" nicht gibt. Einen Sinn von irgendetwas gab es erst, nachdem die Menschen ihn erfunden haben. Seit wir menschlichen Zellhaufen eine Abteilung Bewusstsein haben und denken können, sind wir zumindest theoretisch in der Lage, unserem Leben einen Sinn zu geben. Leider bedeutet das nicht, dass die Mehrheit der menschlichen Zellhaufen das auch tut bzw. dazu in der Lage ist. Viele Mitzellhaufen lassen sich eher jede Menge

Unsinn verpassen, anstatt selbst „sinnvoll" tätig zu werden und ihrem Leben einen Sinn zu geben.

Fazit 1:

- Alle „Lebewesen" egal ob stationär oder mobil und natürlich auch wir Menschen sind, von der Evolution zufällig zusammen-gebastelte Zellhaufenmutanten.
- Mobile Zellhaufen haben ein Gehirn, stationäre Zellhaufen nicht.
- Das Gehirn menschlicher Zellhaufen hat gegenüber allen anderen Gehirnen mobiler Zellhaufen im Verlauf der Evolution die Fähigkeit entwickelt, sich selbst zu erkennen und über sich selbst und die Welt nachzudenken bzw. sich seiner bewusst zu sein.
- Menschliche Zellhaufen sind die einzigen mobilen Zellhaufen, die wissen können, dass sie im Prinzip „nur" Zellhaufen sind.
- Das Gehirn menschlicher Zellhaufen hat enormes Potential zum Fühlen, Denken und Handeln, welches tierische Zellhaufen nicht oder nur bruchstückhaft aufweisen.
- Menschliche Zellhaufen können sowohl sinnvoll als auch sinnlos fühlen, denken und handeln.

Wenn wir Menschen uns mit unseren tollen Gehirnen die „Nahrungskette" mit dem Prinzip „fressen und gefressen werden" zu Gemüte führen, dann ist die Frage nach dem Sinn des Ganzen durchaus verständlich. Lebewesen werden geboren, zum Teil mühevoll groß gezogen, um in der Endkonsequenz dann doch zu sterben und gefressen zu werden. Noch dringender ist jedoch die Frage, warum wir Menschen unsere Kinder viele Jahre aufpäppeln, windeln, ernähren, erziehen und ausbilden, wenn sie sich dann auf Befehl eines Menschen, den sie u. U. nicht wirklich kennen, gegenseitig umbringen müssen. Der Ukrainekrieg ist leider auch „nur" ein sinnloser Krieg von vielen in der Geschichte der Menschheit, die in dieser Hinsicht scheinbar unbelehrbar ist.

Fazit 2:

Alles Leben auf dieser Erde ist letztlich das Ergebnis von zufällig eingetretenen, sinnfreien Ereignissen in Verbindung mit zufällig vorhandenen Umgebungsbedingungen. Diese „unsere" Erde könnte genauso gut ohne uns leben und damit ohne Evolution existieren, so, wie Milliarden anderer Planeten im Universum auch. Das tut sie aber nicht. Warum? Zufall oder weil sie nicht ahnen konnte, dass die Evolution Lebewesen mit „tollen" Gehirnen erschafft, die zum einen nichts Besseres zu tun haben, als sich gegenseitig umzubringen und zum anderen, ganz nebenbei damit beschäftigt sind die Erde, ihre eigentliche Lebensgrundlage, sukzessive zu zerstören.

Zufall Leben auf der Erde

Zufällig befindet sich die Erde in der sogenannten „habitablen" Zone: nicht zu heiß, weil der Abstand der Erdumlaufbahn zur Sonne groß genug ist, und nicht zu kalt, weil der Abstand der Erdumlaufbahn zur Sonne nicht zu groß ist. Dazu kommen noch jede Menge anderer Zufälligkeiten und Unwahrscheinlichkeiten, ohne die niemals Leben in unserem Sinne, also so wie wir es kennen, auf der Erde entstanden wäre. Es soll wohl allein in unserer Galaxis ungefähr 300 Milliarden Sonnen geben, und die Astronomen schätzen die Zahl der Galaxien im Universum auf 100 Milliarden. Allein in unserer Galaxis könnte es (auch nach Schätzungen der Astronomen) mindestens 50 Milliarden Planeten geben. Von diesen liegen wiederum mindestens 500 Millionen in der uns bekannten bewohnbaren Zone. Dort ist es weder zu heiß noch zu kalt, so dass theoretisch Leben existieren könnte, wofür aber bis heute keinerlei Anzeichen sprechen. Leben ist also grundsätzlich sehr unwahrscheinlich, und doch ist das Leben auf der Erde „passiert". Aus reinem Zufall, ohne Sinn und Verstand, denn Sinn und Verstand gab es weder zum Zeitpunkt der Entstehung der ersten Urzellen noch bei der Zusammenrottung der ersten Zellhaufen. Trotz unserer Ausnahmestellung als Endkonsumenten in der Nahrungskette müssen wir leider feststellen, dass wir menschlichen Zellhaufen noch heute ohne Sinn und Verstand agieren. Ich wiederhole mich an dieser Stelle gerne mit folgendem ***Fazit:***

Die Evolution hat ca. 3,8 Mrd. Jahre gebraucht, um aus einer winzigen Urzelle jede Menge stationärer und mobiler Zellhaufen und als „Krönung" uns menschliche Zellhaufen ***hervorzubringen.***

Wir menschlichen Zellhaufen sind mittlerweile in der Lage, die stationären und mobilen Zellhaufen aller Trophieebenen binnen weniger Tage **umzubringen.** *Und entgegen dem „natürlichen" Verhalten der meisten mobilen Zellhaufen innerhalb einer Trophieebene,* ***wir bringen uns auch gern mal gegenseitig um. Toll!***

Fakt ist auch, dass alles Wissen über die Welt, ein vergleichsweise hoher Wohlstand , eine hohe Allgemeinbildung und eine intensive wirtschaftliche Verflechtung nicht wesentlich dazu beigetragen haben, unser Fühlen, Denken und Handeln entscheidend zu verbessern. Die Menschheit schlittert von einer Krise in die nächste und von einem Weltfrieden sind wir meilenweit entfernt. Nach den beiden Weltkriegen haben zuerst die Amerikaner über

Jahrzehnte die Welt mit Kriegen und bewaffneten Konflikten überzogen, um in wichtigen Märkten *schein-demokratische,* amerikafreundliche Verhältnisse zu schaffen. Als das amerikanische Weltmachtstreben etwas abgenommen hatte, fing Russland mit der gleichen Masche an, nur ohne das *scheindemokratische* Vorzeichen, und China ist der dritte im Bunde mit ähnlichen Weltmachtsfantasien, ebenfalls völlig frei von jeglichen *demokratischen* Ambitionen. Das verheißt für die Zukunft leider nichts Gutes. Dabei heißt es doch: *„Aller guten Dinge sind drei!"* Pustekuchen! Bei „unguten Dingen" ist eines schon zu viel!

Apropos Wissen über die Welt. Es ist nicht nur das Wissen über die Welt für jedermann zugänglich. Auch alle Verschwörungstheorien, Fake News, Märchen, Lügen, alternative Fakten, der gesammelte Schwachsinn der Menschheit wird mit Hilfe des Internet ungebremst und in hohen Dosen unter die Menschen verstreut und fällt auf fruchtbaren Boden.

Dieser ***„fruchtbare Boden"*** sind die Gehirne der Menschen, und er wird von der seit Menschengedenken wütenden Pandemie der Dummheit optimal gedüngt.

Die Corona-Pandemie grassiert gerade weltweit und fordert unzählig viele Opfer. Selbstverständlich wird sie weltweit bekämpft.

Es werden alle nach vorliegendem Wissensstand sinnvoll erscheinenden Maßnahmen zur Eindämmung der Pandemie ergriffen und zum Glück wurden in kürzester Zeit Impfstoffe entwickelt, die wirksam zumindest vor schweren Verläufen schützen.

Gleichzeitig wird die seit Jahrhunderten grassierende und nicht minder gefährliche „Pandemie der Dummheit" weitgehend ignoriert. Die von dieser Pandemie „Infizierten“ beteiligen sich nicht an den Maßnahmen zur Eindämmung der Corona-Pandemie. Sie bekämpfen auch nicht die Corona-Pandemie. Sie bekämpfen die Menschen, die die Corona-Pandemie bekämpfen, bzw. die Menschen, die Maßnahmen zur Eindämmung der Pandemie ergreifen und durchsetzen. Absurd, oder?

Um dieses Verhalten auch nur ansatzweise verstehen zu können, müssen wir uns mit ***„dem fruchtbaren Boden“***, ***den Gehirnen der Menschen*** und deren Arbeitsweisen beschäftigen.
Wir haben bereits feststellen müssen, dass auch Menschen mit einer hohen Allgemeinbildung, also auch hochgebildete und hochintelligente Exemplare von der Pandemie der Dummheit infiziert sind bzw. ständig infiziert werden. Intelligenz und Bildung scheinen keinen ausreichenden Schutz zu bieten. Aber was dann?

Wie tickt ein Gehirn?

Egal welches mobile Zellhäufchen wir betrachten, die jeweiligen Gehirne haben grundsätzlich folgende Aufgaben:

1. die Funktionsfähigkeit des Zellhaufens zu organisieren, dazu zählen Stoffwechsel, Herz-Kreislauf, Reproduktion etc.
2. die ggf. lebenswichtigen Informationen, die über die Sinnesorgane aus der Umgebung und dem Zellhaufen selbst kommen, zu verarbeiten und im Ergebnis
3. das Handeln des mobilen Zellhaufens zu veranlassen bzw. die Aktivitäten der einzelnen Unterzellhaufen zu steuern und zu koordinieren.

Diese drei Aufgaben gelten für alle mobilen Zellhaufen, demzufolge auch für die Gehirne menschlicher Zellhaufen. Die Aufgabe nach Punkt 2. wollen wir vorab als die Fähigkeit „Fühlen“ bezeichnen, denn mit dieser Fähigkeit kommen die meisten mobilen Zellhaufen innerhalb der Nahrungskette auf ihren jeweiligen Trophieebenen ganz gut zurecht. Aber das Gehirn menschlicher Zellhaufen musste im Laufe der Evolution für das Erreichen und die Festigung seiner Position in der Nahrungskette einige zusätzliche Aufgaben lösen, wofür das Fühlen allein nicht ausreichte. Das menschliche Gehirn „wuchs“ mit seinen Aufgaben und entwickelte als Ergänzung zur Fähigkeit „Fühlen“ die Fähigkeit „Denken“.

Fühlen und Denken sind aus heutiger Sicht neben der Steuerung und Koordination der lebenserhaltenden Körperfunktionen die Hauptaufgaben des Gehirns menschlicher Zellhaufen. Fühlen und Denken erzeugen unser Handeln und alle drei bestimmen unser Leben.

Aber wer oder was bestimmt unser Fühlen und unser Denken? Es wird langsam Zeit, dass wir uns konkret mit dem menschlichen Gehirn befassen, denn dort wird offensichtlich gefühlt und gedacht und über Handlungen entschieden.

Beginnen wir mit folgender vorläufigen Definition:

„Denken ist die Verarbeitung der von den Sinnesorganen wahrgenommenen Informationen im Gehirn“.

Das klingt erstmal logisch. Aber wird diese Definition unserer Fähigkeit „Denken“ gerecht? Was ist dann eigentlich „Fühlen“? Erfordern die am Anfang erwähnten Aufgaben der Gehirne mobiler Zellhaufen nach Punkt 2. und 3. bereits Denken oder können diese Aufgaben auch mit der Fähigkeit „Fühlen“ erledigt werden? Und wenn ja, was ist dann „Denken“?

Unsere gebräuchliche Vorstellung vom „Denken“ beinhaltet aktives, *bewusstes* Agieren unseres Gehirns, und das ist gut so.

Alles, was im Gehirn abläuft, ohne dass wir etwas davon merken, alles was das Gehirn tut, „ohne uns zu informieren“, können wir auch nicht beeinflussen. Normalerweise gehört es für uns damit auch nicht zum „Denken“. Aber wissen wir jetzt, wer mit „wir“ und „uns“ eigentlich gemeint ist? Sind „wir“ lediglich der Teil in unserem Gehirn, der ein bisschen herumdenkt und alles andere sind wir gar nicht? Wer sind dann aber die Teile unseres Gehirns, die die Aufgaben 1. bis 3. erledigen? Wer oder was verarbeitet nach welchen Kriterien die wahrgenommenen Informationen? Wir müssen feststellen, das ganze Thema ist etwas verzwickt.

Können wir die Aktivitäten beim bewussten Denken von den vielen anderen unbewussten Aktivitäten in unserem Gehirn trennen?

Gibt es ein unbewusstes und ein bewusstes Denken und was ist eigentlich Fühlen? Fragen über Fragen und jede Menge neunmalkluge Antworten. Davon mit Verlaub viele, deren Duktus ein durchschnittlich begabter menschlicher Zellhaufen leider nicht oder nur schwerlich begreifen kann.

Ist das Thema „Denken“ eventuell so komplex, dass es unmöglich ist, mit *unserem Denken* unser *„Denken“* zu verstehen?

Frage: Was tun, wenn es lichterloh brennt, und die Feuerwehr erst in 20 oder 30 Minuten eintreffen kann?

Antwort: Ganz einfach, wenn wir nicht selbst den Brand löschen können, sollten wir wenigstens versuchen zu retten, was zu retten ist.

So gesehen können wir hinsichtlich unseres Fühlens und Denkens nicht auf Erkenntnisse und Forschungsergebnisse in ferner Zukunft warten. In unserer gegenwärtigen, prekären Situation, sollten wir schon sofort damit beginnen, zu retten, was zu retten ist. Wir sollten also wenigstens versuchen, unser Fühlen und Denken ein bisschen zu verstehen. Und wie soll das gehen?
Ganz einfach, wir bedienen uns einer Hypothese - der Hypothese von einer *Fühl- und Denkfabrik Gehirn* mit drei Abteilungen:

- der Abteilung Gedächtnis (kurz GD),
- der Abteilung Unterbewusstsein (kurz UBWS), und
- der Abteilung Bewusstsein (kurz BWS).

Wohlwissend, dass die Evolution bei der Ausbildung eines Gehirns mit ca. 98 Milliarden Nervenzellen (Neuronen) und ähnlich vielen Stützzellen (Gliazellen) von so einer „Fabrik" nichts ahnen konnte - diese Hypothese kann uns trotzdem helfen, unser Fühlen und unser Denken ansatzweise zu verstehen und damit unser Handeln weitgehend selbst zu bestimmen.
Da wir nicht sicher sein können, ob wir überhaupt jemals und wenn ja, wann wir unser Gehirn bis ins Detail verstehen werden, ist eine vernünftige Hypothese allemal besser als nichts. Mit dieser Hypothese nutzen wir praktisch unsere Fähigkeit Denken, die Kreativität unseres Gehirns, seine Phantasie und sein Streben nach Harmonie, um es selbst verstehen zu können. Ob wir mit unserem Gehirn unser Gehirn überhaupt jemals vollständig verstehen werden, ist ungewiss. Zumal wir aufgrund der

Analogie „eine Waage kann sich nicht selbst wiegen“ eher daran zweifeln müssen. Aber auch wenn die Hypothese falsch ist, der Zweck heiligt die Mittel. Wenn wir damit die Arbeitsweise unseres Gehirns besser verstehen und durch dieses Wissen unser Fühlen, Denken und Handeln eigenverantwortlich steuern bzw. selbst beeinflussen können, ist doch das Ziel erreicht, oder?
Vielleicht sind wir mit einer Autonomie über unser Denken in der Lage, unserem Leben einen Sinn zu geben. Wir könnten der Vernunft zum Durchbruch verhelfen und damit ein bisschen die Welt retten.

Die Hypothese von der Fühl- und Denkfabrik Gehirn

Nehmen wir an, unser Nervensystem inkl. Gehirn wäre unsere Fühl- und Denkfabrik. Nehmen wir weiter an, diese „Fabrik“ bestünde aus den bereits genannten drei Abteilungen, der Abteilung Gedächtnis, der Abteilung Unterbewusstsein, und der Abteilung Bewusstsein. Die Sinnesorgane könnten wir als „Außendienst“ der Abteilung Unterbewusstsein zuordnen und der Zellhaufenkörper ist die gesamte Infrastruktur, in welcher unsere „Fabrik“ tätig ist. Die ca. 98 Mrd. Nervenzellen (Neuronen) und die ca. 98 Mrd. Stützzellen (Gliazellen) wären die Mitarbeiter unserer „Fabrik“. Zugegeben, allein die riesige Zahl der Mitarbeiter rückt unsere Hypothese ins Reich der Fantasie, denn die Anzahl der Weltbevölkerung liegt derzeit mit knapp 7,8 Mrd. bei einem Bruchteil der „Mitarbeiterzahl“ unserer Fühl- und Denkfabrik. Sei's drum, wir arbeiten weiter an unserer Hypothese.

Unsere Fabrik weist einige für uns ungewohnte Absonderlichkeiten auf:

- Es gibt weder Direktoren noch Abteilungs- oder Gruppenleiter, also keinerlei Führungspersonal in der „Fühl- und Denkfabrik“ Gehirn. Das kann eigentlich nicht funktionieren, oder doch?
- Dafür gibt es viele „Spezialisten“, also „Mitarbeiter“ mit besonderen Fähigkeiten.
- Die drei Abteilungen sind nicht starr voneinander getrennt.
- Ein großer Teil der Mitarbeiter ist multitaskingfähig und deshalb zeitweise „abteilungsübergreifend“ tätig, je nachdem, wo er gerade gebraucht wird.
- Ein Teil der Aufgaben wird auf Mitarbeiter (Spezialisten) verteilt, die in speziellen Netzwerken organisiert sind. Viele Mitarbeiter sind bis zu zehntausendmal untereinander vernetzt.
- Ein Ergebnis dieser „Organisationsform“ bzw. der Arbeitsweise in unserer Fühl- und Denkfabrik ist die sogenannte Emergenz:

Emergenz bedeutet sinngemäß, dass infolge der Zusammenarbeit vieler „Mitarbeiter“ in einem System oder Netzwerk Fähigkeiten entstehen, die einzelne Mitarbeiter für sich allein nicht haben.

Begriffsklärung: Emergenz (lateinisch emergere „Auftauchen“, „Herauskommen“, „Emporsteigen“) bezeichnet die Möglichkeit der Herausbildung von neuen Eigenschaften oder Strukturen eines Systems infolge des Zusammenspiels seiner Elemente. Dabei lassen sich die emergenten Eigenschaften des Systems nicht – oder jedenfalls nicht offensichtlich – auf Eigenschaften der Elemente zurückführen, die diese isoliert aufweisen. So wird in der Philosophie des Geistes von einigen Philosophen die

Meinung vertreten, dass das Bewusstsein eine emergente Eigenschaft des Gehirns sei. Emergente Phänomene werden jedoch auch in der Physik, Chemie, Biologie, Mathematik, Psychologie oder Soziologie beschrieben (Quelle: Wikipedia).

Bis heute sind die Fähigkeiten unserer Fühl- und Denkfabrik Gehirn ein Phänomen und nur mit Hilfe der Emergenz zu erklären.
Aber diese unsere Fähigkeiten sind, wie alle stationären und mobilen Zellhaufen einschließlich uns selbst, „nur" Produkte der Evolution.

Die Aufgabenteilung zwischen den drei Abteilungen unserer Fühl- und Denkfabrik Gehirn

1. Gedächtnis (GD)

1.1 Das Gedächtnis verhält sich eher passiv. Nichts spricht dafür, dass es aktiv am Fühlen und Denken beteiligt ist. Aber, wir wissen es ganz einfach nicht so genau.

1.2 In unserer Hypothese gleicht das Gedächtnis einem riesigen
Lagerraum mit Regalen bis zur Decke. Diese Regale beherbergen jede Menge Informationen: geerbtes Wissen, gelerntes Wissen, Erlebnisse, Erfahrungen, Erkenntnisse und fremde Gedanken, also Gedanken, die andere Menschen bereits gedacht haben.
Alle Wahrnehmungen unserer Sinnesorgane werden vom Unterbewusstsein zu sogenannten
Repräsentationen verarbeitet und in den Regalen der Abteilung Gedächtnis abgelegt.

1.3 Im Gedächtnis befindet sich u. a . ein Alltagsregal. In diesem Regal befinden sich all unsere erlernten Fähigkeiten, die wir nach hinreichendem Training auch unbewusst ausführen können. Bsp. Fahrradfahren, Laufen, Sitzen etc. Das Unterbewusstsein ist tagtäglich an diesem Regal zugange und aktiviert eigenmächtig die notwendigen Handlungen.

1.4 Wir wissen nicht, nach welchem Prinzip die Regalplätze vergeben werden. Alles deutet darauf hin, dass sowohl die Begleitgefühle der Informationen/Repräsentationen als auch die Häufigkeit ihrer Wahrnehmung eine Rolle bei der Platzierung spielen.

2. *Unterbewusstsein (UBWS)*

2.1 Das Unterbewusstsein ist für das Fühlen bzw. für die Herstellung von Gefühlen und für die Organisation und Verwaltung der Informationen/Repräsentationen in der Abteilung Gedächtnis zuständig.

2.2 Es koordiniert und steuert alle lebenswichtigen Funktionen, die Organe und Muskeln des Zellhaufenkörpers.

2.3 Die Arbeitsweise der Abteilung UBWS gleicht einer superschnellen, seelenlose Maschine bzw. einem extrem schnellen Bioroboter.

2.4 Dieser Bioroboter ist zuständig für:

- die Wahrnehmung aller Informationen aus der Umwelt (durch die Sinnesorgane) und für die Erarbeitung von Repräsentationen (Abbilder der wahrgenommenen Informationen).
- den Abgleich der Repräsentationen mit den Inhalten sämtlicher Regale und den entsprechenden Begleitgefühlen im Gedächtnis.
- die Produktion und Freisetzung von Botenstoffen und damit für das Fühlen bzw. für die Gefühle.
- das Auslösen von Handlungen aufgrund der Gefühle.

2.5 Bei der Wahrnehmung bedrohlicher, negativer Informationen produziert die Abteilung UBWS stärkere Gefühle als bei der Wahrnehmung positiver Informationen.

2.6 Die produzierten Gefühle werden vom UBWS sofort komplett an das Bewusstsein geliefert.

2.7 Die Abteilung UBWS organisiert und koordiniert die Abteilung Gedächtnis, indem sie alle Repräsentationen nach der Intensität ihrer Begleitgefühle im Gedächtnis platziert.

2.8 Die Abteilung UBWS fungiert als Suchmaschine, die gespeicherte Informationen und Repräsentationen im Gedächtnis identifiziert und diese an das Bewusstsein liefert.
Die Abteilung UBWS ist der „Robotersekretär“ der Abteilung Bewusstsein. Alles Denken in der Abteilung Bewusstsein wird vom Unterbewusstsein ähnlich einer Überwachungskamera akribisch beobachtet. Die dem Bewusstsein (zum Fassen von Gedanken) fehlenden Informationen werden vom UBWS im Gedächtnis gesucht und wenn gefunden, an das Bewusstsein geliefert. Wie genau es das hinbekommt, wissen wir nicht.
Die Abteilung UBWS speichert ebenso alle von der Abteilung Bewusstsein gefassten Gedanken nach der Intensität der Begleitgefühle bzw. nach der Häufigkeit im Gedächtnis.

2.9 Die Abteilung UBWS kann weder zwischen ja und nein, richtig und falsch, gut und böse noch zwischen positiv und negativ unterscheiden. Sie kann nur schematische Entscheidungen treffen, keine logischen. Eine Verneinung kann sie nicht verarbeiten, also auch nicht speichern.

Alle Fähigkeiten der Abteilung UBWS sind angeboren und müssen nicht erlernt werden.

3. *Bewusstsein (BWS)*

3.1 Das Bewusstsein ist allein für das Denken zuständig, wobei es alle notwendigen Informationen zum Fassen von Gedanken vom Unterbewusstsein und aus dem Gedächtnis zugeliefert bekommt.

3.2 Das BWS wird mit allen vom UBWS produzierten Gefühlen „geflutet". Dadurch wird es in all seinem Denken wie z. B. Probleme lösen, Erkenntnisse gewinnen, Aufgaben erfüllen, Lernen, Entscheidungen treffen, Handlungen veranlassen usw. ggf. enorm beeinflusst.

3.3 Das BWS selbst hat definitiv keinen direkten Zugriff auf das Gedächtnis. Alle „notwendigen" Informationen erhält das BWS ungefragt vom UBWS, dass die gewünschten Informationen im Gedächtnis sucht, und wenn gefunden an das BWS liefert. Dazu beobachtet das UBWS jede kleinste Regung, registriert jeden flüchtigen Gedanken des BWS, liest ihm praktisch jeden Wunsch von den Lippen ab, sucht in Windeseile die passenden Informationen im Gedächtnis und brettert sie zeitnah ins BWS.

3.4 Das BWS kann bei Bedarf externe Quellen zur Informationsgewinnung nutzen. Das sind bei Kindern natürlich in erster Linie die Eltern, Geschwister, Großeltern und Erzieher. Später kommen Freunde, Lehrer, Bücher, Medien, Internet etc. dazu. Diese externen Informationen werden wieder ganz normal vom UBWS zu Repräsentationen verarbeitet.
Nach dem Abgleich mit den Gedächtnisinhalten werden sie direkt an das BWS geliefert und parallel dazu gespeichert.

3.5 Das alles geht so schnell, dass das BWS fest davon überzeugt ist, alle Informationen selbst wahrgenommen und eingeholt zu haben. Diesen Fehlschluss des BWS bezeichnen wir als Ich-Illusion. Tatsächlich wäre unser BWS für all diese Aktivitäten definitiv viel zu langsam.

3.6 Die Abteilung BBWS muss ihre Fähigkeit „Denken" erlernen. Ohne die Zuarbeit von den Abteilungen UBWS und GD ist die Abteilung BWS arbeitsunfähig.

3.7 Ist die Abteilung BWS mal unaufmerksam bzw. nicht bei der Sache, bekommt sie von der Abteilung UBWS aus dem Gedächtnis Gedanken geliefert, die sogenannten „automatischen Gedanken". Nach welchem Prinzip das UBWS diese „automatischen Gedanken" auswählt, wissen wir nicht.

4. Gemeinsam Handeln

Sowohl die Abteilung Unterbewusstsein als auch die Abteilung Bewusstsein sind für das Handeln zuständig. Die Abteilung Unterbewusstsein erzeugt Handlungen durch Gefühle. Die Abteilung Bewusstsein erzeugt Handlungen durch Gedanken, die unter dem Einfluss von Gefühlen gefasst wurden.

Flussdiagramm Fühlen, Denken und Handeln

Begriffserklärung

Informationen:
Alles, was mit den Sinnesorganen wahrnehmbar ist, auch fremde Gedanken, Wissen, Erfahrungen, Erkenntnisse, Lügen, Fakes und Verschwörungstheorien.

Sinnesorgane:
Unsere Wahrnehmungsorgane, die „Fenster“ zur Außenwelt. (Hören, Sehen, Schmecken, Riechen, Tasten, Fühlen,

Repräsentationen:
Darstellung (Abbildung) der wahrgenommenen Informationen durch das UBWS in Form von Aktivitäten von Neuronen bzw. von neuronalen Netzwerken im Gehirn.

Gehirn:
Unsere Fühl- und Denkfabrik, bestehend aus Unterbewusstsein (UBWS), Gedächtnis (GD), beide für das Fühlen zuständig, und Bewusstsein (BWS) zum Denken.

Zellhaufen:
„Unser“ gesamter Körper mit allen Organen, Knochen, Muskeln, Gliedmaßen und dem Nervensystem inkl. Gehirn.

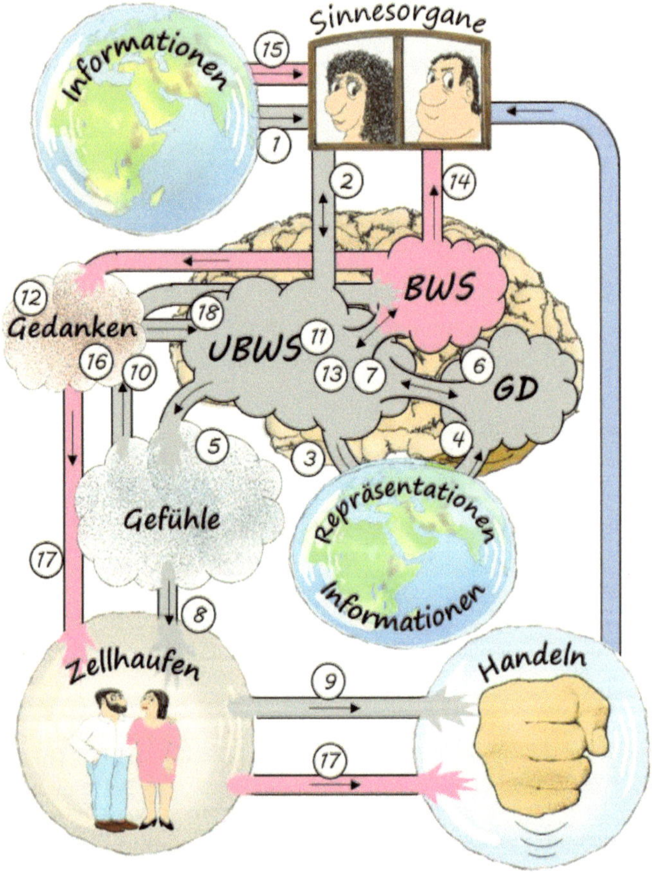
Sinnesorgane
Informationen
15
1
2
14
BWS
12
Gedanken
18
UBWS
11
16
10
13
7
6
GD
5
3
4
Gefühle
Repräsentationen
Informationen
17
8
Zellhaufen
9
Handeln
17

Grau: Fühlen + Handeln

1. Wahrnehmung von Informationen
2. Weiterleitung an UBWS
3. UBWS erstellt Repräsentationen
4. Abgleich mit dem GD-Inhalten
5. Erzeugung von Gefühlen
6. Speichern der Repräsentationen nach Intensität der Begleitgefühle
7. Lieferung der Repräsentationen an BWS
8. Überflutung des Zellhaufens mit Gefühlen
9. Handeln

Rosa: Denken (+ Fühlen) + Handeln

10. BWS erhält Gefühle
11. BWS erhält Repräsentationen/Informationen
12. BWS fasst Gedanken (denkt)

13. UBWS liefert bei Bedarf GD-Inhalte an das BWS

14. BWS fordert bei Bedarf zusätzlich externe Informationen an
15. Wahrnehmung der externen Info's, weiter mit 3. – 13. oder
16. BWS fasst Gedanken (denkt)

17. BWS veranlasst oder beeinflusst über Zellhaufen das Handeln
18. UBWS registriert Gedanken – weiter mit 4. – 6. (Speichern der Gedanken)

Blau: Feedback

19. Handlung erzeugt Rückmeldungen (Informationen), weiter mit 1.- 18.

Kommentar:

Während Fühlen und Handeln (grau) im UBWS & GD auch ohne BWS (rosa) funktionieren, ist das BWS (rosa-Denken) auf die Vor- bzw. Mitarbeit von UBWS & GD angewiesen.

Fakt ist, bevor wir (unser BWS) aufgrund einer erhaltenen Information/Repräsentation einen Gedanken fassen können, stehen wir (BWS) bereits unter dem Einfluss der „Begleitgefühle", die das UBWS nach dem Abgleich mit den GD erzeugt hat.
Wir (das BWS) sollten besser diese Gefühlslage analysieren, hinterfragen, bewerten und ggf. Gefühle auch unterdrücken bzw. ignorieren, wenn sie nicht mit unseren Gedanken harmonieren.
Sind wir (BWS) dazu nicht in der Lage oder zu faul, behalten die Gefühle und damit auch zwielichtige Informationen (Fakes) die Macht über unser Handeln.
Viele Handlungen, die wir (unser BWS) mehr oder weniger mühsam erlernen müssen, werden nach ausreichendem Trainingspensum irgendwann komplett durch das viel schnellere Duo UBWS/GD übernommen und damit praktisch „automatisiert". Die Handlungsabläufe werden solide im GD gespeichert. Bei Bedarf veranlassen wir (BWS) nur das UBWS, die eigentliche Handlung auszulösen, die dann extrem schnell und autonom vom UBWS mit Hilfe des GD realisiert wird.
Nur die „Ich-Illusion" lässt uns glauben, wir (unser BWS) würden eigenständig handeln. Mischen wir (unser BWS) uns in derartige „automatisierte" Handlungen ein, kann es vorkommen, dass bestimmte Handlungsabläufe gestört, zumindest aber ausgebremst oder verzögert werden.

Das Fühlen mobiler Zellhaufen

Da wir Menschen uns irgendwann vor grauer Vorzeit von den Affen abgespalten haben, können wir davon ausgehen, dass unser Fühlen damals nicht sehr viel anders war, als das Fühlen unserer tierischen Verwandten. Wie wir heute wissen, können Tiere durchaus starke Gefühle entwickeln. Fakt ist, dass wir uns im Laufe von Jahrtausenden mit unserem *Denken* an die Spitze der Nahrungskette „handeln" konnten. Mit Fühlen allein hätten wir menschliche Zellhaufen das sicher nicht geschafft. Es ist also sehr wahrscheinlich, dass dieser Erfolg hauptsächlich durch die Fähigkeit *Denken* erzielt werden konnte. Davor war nur Fühlen und Handeln. Das Denken kam evolutionär also erst sehr viel später zum Fühlen dazu.

Fühlen ist bei mobilen Zellhaufen aufgrund der vielen beteiligten Zellen eine ziemlich komplexe und globale Angelegenheit. Es fühlt nicht jeder Mitarbeiter, nicht jede Zelle für sich allein, sondern alle miteinander vernetzten „Mitarbeiter" steuern gemeinsam ihren Anteil zum globalen Fühlen bei. Gemeinsames Fühlen erfordert aber Kommunikation zwischen den Zellmitarbeitern. Diese Kommunikation erfolgt zum Teil durch elektrische Impulse, überwiegend jedoch durch Hormone, die sogenannten Botenstoffe.

Ausgangspunkt für das Fühlen sind die Sinneszellen der Sinnesorgane. Hören, Sehen, Schmecken, Riechen, Tasten, Fühlen und Gleichgewicht sind unsere sieben Sinne, wobei der Begriff „Fühlen" hier ausschließlich für die Wahrnehmung durch unser größtes Sinnesorgan Haut steht.

Die Sensorzellen unserer Sinnesorgane nehmen jedenfalls Informationen aus der Umwelt in einzelnen Häppchen auf die unterschiedlichste Weise wahr. Angefangen von Molekülen, die wir riechen oder schmecken, über Temperaturen, die wir über die Haut fühlen, mechanische Einflüsse, die wir fühlen oder tasten, optische Signale, die wir „sehen" und akustische Reize, die wir „hören" können, bis hin zu diversen Beschleunigungen, die über Flüssigkeiten in den Bogengängen im Ohr für den Gleichgewichtssinn sorgen – alle Reize werden wahrgenommen und in elektrische Impulse umgewandelt. Über die Nervenstränge flitzen diese Impulse dann ins Gehirn. Dort werden sie von einer oder mehreren Zellen empfangen und mittels Botenstoffen innerhalb der „zuständigen" Netzwerke an andere Zellen verteilt.
Durch die Mitwirkung vieler Zellen verschiedener Netzwerke ist die Abteilung Unterbewusstsein in der Lage, aus den einzelnen „Impulsen" wieder eine Gesamtinformation bzw. eine sogenannte Repräsentation der von den Sinnesorganen wahrgenommenen ursprünglichen Information zu basteln. ***Wie es das genau zustande bringt, wissen wir nicht. Wir können es uns nur mit Hilfe der Emergenz erklären, die wir selbst jedoch nicht hinreichend erklären können.***
Immerhin nehmen unsere Sinnesorgane pro Sekunde mehrere Millionen ganz unterschiedlicher Informationshäppchen wahr. Das Unterbewusstsein muss also unerhört schnell sein.
Wir können uns diese Vorgänge nicht vorstellen, Fakt ist aber, dass es passiert, also dass unser Unterbewusstsein das können muss.

Wichtig: Repräsentationen sind nur „Abbilder" der Wirklichkeit. *Mentale Repräsentation, Repräsentation von Wissen: Wenn wir an eine vergangene Szene oder ein früher wahrgenommenes Objekt denken, "sehen" wir oft ein (mentales) Bild dieser Szene oder dieses Objekts vor unserem "geistigen Auge". Eine häufig gestellte Forschungsfrage war und ist, in welchem Ausmaß sich eine mentale Vorstellung und das Wahrnehmen eines tatsächlichen Objekts gleichen. Als Fazit dieser Forschung lässt sich festhalten: Visuelle Repräsentationen bzw. Vorstellungen weisen viele Gemeinsamkeiten mit der visuellen Wahrnehmung auf, auch wenn beide* ***nicht identisch*** *sind.* (Quelle: Spektrum.de; Lexikon der Psychologie)

Alle erstellten Repräsentationen werden mit den Gedächtnisinhalten abgeglichen, denn nur damit kann unser Unterbewusstsein der jeweiligen Repräsentation Gefühle zuordnen, diese veranlassen und an das Bewusstsein liefern. Bei Babys und Kleinkindern wird es nur wenig verwandte Informationen finden, denn hier muss der Lernprozess erst das Gedächtnis füllen. Ab einer gewissen Mindestbelegung des Gedächtnisses mit Informationen (i.d.R. nach der Pubertät) wird unser Unterbewusstsein beim Abgleich einer Repräsentation sehr häufig fündig. Selbst wenn die „Verwandtschaft" über 100 Ecken zusammengelogen wird, das Unterbewusstsein wird etwas in den Regalen des Gedächtnisses finden, womit es schließlich Gefühle veranlassen kann. Findet es absolut keine verwandten Informationen, wird das Bewusstsein eingeschaltet, um externe Quellen anzuzapfen. Dann können vorerst aber keine Gefühle veranlasst werden.

Bemerkung:

Dieses Finden „alternativer Fakten" funktioniert nicht nur für den Abgleich neuer Repräsentationen zwecks Gefühlserzeugung. Auch bei offenen Fragen des Bewusstseins und dem Versagen externer Quellen findet das Unterbewusstsein auf Krampf im Gedächtnis fast immer eine Antwort, auch wenn diese zum Teil total sinnlos ist.

In den meisten Fällen kann das Bewusstsein jedoch einschreiten und sinnlose Antworten des Unterbewusstseins identifizieren und verwerfen.

Dann gibt es eben ein unlösbares Problem, dann kann eine Aufgabe nicht gelöst werden, dann bleiben Fragen unbeantwortet. Doch dies gelingt nicht immer. Es kommt auch vor, dass selbst an den Haaren herbei gezogene Antworten dem Bewusstsein so plausibel erscheinen, dass sie akzeptiert werden. Ähnlich verhält es sich bei falschen Informationen oder Fake News von externen Quellen. Entweder ist das Bewusstsein dazu in der Lage, die falsche Antwort zu entlarven und zu verwerfen, oder es akzeptiert die Fake News. Aber dazu später mehr.

Selbst im Schlaf holt sich unser Bioroboter UBWS ständig irgendwelche Informationen aus dem Gedächtnis. Demzufolge sind also auch ständig irgendwelche Botenstoffe in unserer Fühl- und Denkfabrik unterwegs und machen Gefühle. Je nachdem, wie gefühlsduselig die Informationen für den Zellhaufen sind, wuseln mal mehr und mal weniger Botenstoffe durch das Nervensystem und verursachen mal stärkere und mal schwächere Gefühle. Diese unterschiedlichen Gefühle haben evolutionär betrachtet zwei Auswirkungen. Zum einen erzeugen stärkere Gefühle eher eine Handlung wie z. B. Flucht oder Kampf und bieten damit einen Überlebensvorteil.

Zum anderen kann der Bioroboter Unterbewusstsein anhand der Stärke der Begleitgefühle festlegen, in welcher Rangfolge die entsprechenden Informationen im Gedächtnisregal abspeichert werden.

Die Informationen mit starken „Begleitgefühlen“ speichert das Unterbewusstsein auf den vorderen Regalplätzen im Gedächtnis ab. Die gefühlsmäßig eher belanglosen Informationen werden in die hintersten Winkel des Gedächtnisses verfrachtet.

Natürlich werden Informationen auf den vorderen Regalplätzen bevorzugt „gefunden“ und bei Bedarf an das Bewusstsein geliefert. Werden bedrohliche Informationen wahrgenommen, findet das Unterbewusstsein die passenden Informationen inkl. der starken Begleitgefühle so schneller und kann ganz fix Gefühle und in der Folge notwendige Handlungen initiieren.

Informationen mit gleicher Gefühlsintensität kommen in der Realität nicht vor. Wenn doch, entscheidet die Häufigkeit der Wahrnehmung über die Platzierung.

Wer oder was macht Gefühle?

Das Fühlen muss bereits vor der Ausbildung des Gehirns und damit auf jeden Fall vor dem Denken entstanden sein, denn jede Zelle mit Zellkern kann bereits fühlen. In verschiedenen Experimenten konnte nachgewiesen werden, dass Zellen ihre Umgebung wahrnehmen und sogar handeln können. Gibt man z. B. in eine mit Nährlösung und diversen Zellen gefüllten Petrischale nur einen Tropfen einer leicht toxischen Substanz, so kann man unter dem Mikroskop beobachten, wie die Zellen davon flitzen, um schnell den kontaminierten Bereich zu

verlassen. Sie müssen also die Gefahr „gefühlt" und in eine Handlung (Fluchtbewegung) umgesetzt haben. Zellen können sich im Übrigen ähnlich wie Maden bewegen.
Noch verrückter ist die Tatsache, dass die Zellen offensichtlich zwischen toxischen und nichttoxischen Stoffen unterscheiden können. Sie müssen also entweder fühlen, dass die Umgebung (toxisch) bedrohlich ist, und/oder eine Art Gedächtnis haben, in welchem Erfahrungen bzw. ererbtes Wissen und grundsätzliche Handlungsanweisungen gespeichert sind.
Wenn aber einzelne Zellen Gefahren wahrnehmen und daraus Handlungen starten können, sollten mobile Zellhaufen das erst recht können, nur eben ein bisschen anders.
Fazit:
Es ist sehr wahrscheinlich, dass die Gehirne mobiler Zellhaufen ursprünglich nur zwei Abteilungen hatten, nämlich eine Abteilung Unterbewusstsein und eine Abteilung Gedächtnis. Beide reichten offensichtlich dazu aus, wahrgenommene Informationen aus der Umgebung zu verarbeiten, Gefühle zu erzeugen und daraus Handlungen für das Überleben zu generieren. Bei tierischen Zellhaufen sprechen wir in diesem Zusammenhang von Instinkten.
Es muss im Verlauf der Evolution irgendwann angeborene bzw. ererbte Gedächtnisinhalte gegeben haben, die zu Gefühlen, also zur Produktion von Botenstoffen führten. Diese Urgefühle (Instinkte) waren notwendig, um sogenannte Urhandlungen wie Kampf oder Flucht zu veranlassen. Instinkte müssen nicht erlernt werden, sie müssen bereits im Gedächtnis vorhanden sein. Spätestens ab Einführung des großen Fressens und gefressen Werdens boten solche Instinkthandlungen einen Überlebensvorteil.

Aber von einer Fähigkeit „Denken“ war weit und breit noch nichts zu sehen. Wir können vermuten, dass die Evolution mobile Zellhaufen, bei denen bedrohliche Informationen von starken Gefühlen begleitet wurden, bevorzugt überleben lies. Gleichzeitig konnten andere, nützliche aber ungefährliche Informationen mit weniger starken Begleitgefühlen versehen werden, denn sie waren für das Überleben nicht sonderlich wichtig. Unter diesen Voraussetzungen erfolgte also eine Differenzierung der mobilen Zellhaufen hinsichtlich der Gefühle:

- ***Furchterregende, bedrohliche Informationen = starke Begleitgefühle,***
- ***Angenehme, positive bzw. ungefährliche Informationen = weniger starke oder schwache Begleitgefühle***

Diese, sich über Jahrmillionen bewährte Gefühlszuordnung, war lange vor der Herausbildung der Abteilung Bewusstsein und der Fähigkeit Denken im Gehirn präsent und hat sich bei vielen mobilen Zellhaufen als Überlebensvorteil bewährt, auch bei menschlichen Zellhaufen.

In unserer Informationsgesellschaft wirkt diese „Gefühlszuordnung“ allerdings kontraproduktiv. Obwohl das Denken mittlerweile das Fühlen hinsichtlich seiner Bedeutung für das Handeln längst überholen konnte, hat in der Informationsgesellschaft die Zahl wahrgenommener „bedrohlicher und/oder furchterregender“ Informationen extrem zugenommen. Die dadurch hervorgerufenen starken, negativen Begleitgefühle beeinflussen das Bewusstsein in seinem Denken.

Auch wenn wir mit unserer Schlussfolgerung die Misere unseres Fühlens, Denkens und Handelns vorwegnehmen:

- ***Schlechte Nachrichten, seien es auch noch so dreiste Lügen, fake News oder Verschwörungstheorien, erzeugen überwiegend starke negative Gefühle.***
- ***Sachliche oder vernünftige Gegenargumente hingegen erzeugen nur sehr schwache Gefühle.***
- ***Fazit: Die Vernunft hat gegen die Dummheit keine Chance, oder doch?***

Unsere Fühl- und Denkfabrik Gehirn mit ihren drei Abteilungen und ihren Millionen Mitarbeitern ist verantwortlich für das Fühlen und das Denken und koordiniert daraus das Handeln.

Böse Zungen behaupten, dass der Mensch auch ohne die Abteilung Bewusstsein und damit ohne Denken gut leben könnte.

Kann schon sein, aber hätten wir ohne Denken jemals den Spitzenplatz in der Nahrungskette erklommen? Dieser „Alternative" schenken wir im Folgenden keine Beachtung. Warum? Erstens haben wir nun mal ein Bewusstsein und zweitens interessiert uns ja gerade das Denken, und das findet ganz sicher in der Abteilung Bewusstsein statt.

Warum entwickelte sich gerade bei menschlichen Zellhaufen das Denken schneller und besser als bei allen tierischen Zellhaufen? Nun, das haben wir wieder dem Zufall zu verdanken. Denn rein zufällig haben wir Hände, mit denen wir ziemlich viel veranstalten können und rein zufällig können wir sprechen.

Allein diese beiden körperlichen Gegebenheiten führten in Verbindung mit diversen anderen Zufällen dazu, dass sich im Gehirn menschlicher Zellhaufen das Denken ausbilden konnte. Offensichtlich boten die ersten Denkansätze bereits einen enormen Überlebensvorteil. Folglich nahm die Entwicklung des Gehirns und seiner Fähigkeit des Denkens rasant an Fahrt auf, während diese bei unseren unmittelbaren „Verwandten“ (Affen) trotz ihrer Hände, aber aufgrund mangelnder Sprachfähigkeit auf sehr niedrigem Niveau stecken blieb. Wie wir noch sehen werden, ist die Fähigkeit Denken ein derart komplexer Vorgang, dass Fehlentwicklungen grundsätzlich nicht vermeidbar sind. Auch beim Denken gilt das Grundprinzip der Evolution: *Nicht das beste Denken setzt sich durch, sondern das am wenigsten schlechte.* Auch deshalb wird unser Denken von so vielen Fehlern und Irrtümern begleitet. Denken ist zwar in unseren Gehirnen veranlagt, aber es muss gelernt und geübt werden. Andernfalls kommt es vermehrt zu Fehlern bzw. grundsätzlich zu falschem Denken.

Wie das Denken entsteht

Wichtig: Während der Aufbauphase einer Fühl- und Denkfabrik wird von den Zellen streng nach Bauplan (DNA) zuerst die Abteilung Unterbewusstsein mit ihren Robotermitarbeitern "installiert" oder besser, die Mitarbeiterzellen installieren ihre Abteilung selbst nach dem genetischen Bauplan. Schließlich müssen ja bereits im Mutterleib alle lebensnotwendigen Organe des Zellhaufens einschließlich der Sinnesorgane organisiert und koordiniert werden, sobald sie voll ausgebildet und arbeitsfähig sind.
Gleichzeitig werden die „Regale“ in der Abteilung Gedächtnis aufgebaut und mit Erbinformationen und den ersten noch im Mutterleib wahrgenommenen „Informationen“ gefüllt.

Nach der Geburt des kleinen Zellhaufens beherrschen folgende *Szenen das Szenario* der „neuen“ Fühl- und Denkfabrik:

- die Abteilung Unterbewusstsein funktioniert nahezu voll umfänglich und ist sozusagen von Anfang an gut beschäftigt.
- die Abteilung Gedächtnis ist nur zu einem Bruchteil ihrer Speicherkapazität mit sogenannten Erbinformationen und mit den im Mutterleib wahrgenommenen Informationen belegt, die Gedächtnisregale sind zu über 99% leer (Schätzung).
- die ersten Handlungen erfolgen ***instinktiv.***
- von einer Abteilung Bewusstsein ist noch nichts zu hören. Die künftigen Mitarbeiter stehen zwar schon in den Startlöchern, aber sie arbeiten noch nicht - es denkt noch niemand.

Instinkt: *Instinkt ist alles, was ein junger mobiler Zellhaufen nicht erst lernen muss.*
Aber wie funktioniert instinktives Verhalten und was passiert dabei in der Fühl- und Denkfabrik Gehirn?
Fakt ist, dass den Abteilungen Unterbewusstsein und Gedächtnis hierbei die entscheidende Rolle zufällt.

Wenn eine Information wahrgenommen und vom Unterbewusstsein eine entsprechende Repräsentation erstellt wurde, erfolgt sofort ein „Abgleich“ mit den bereits vorhandenen Gedächtnisinhalten.
Das Unterbewusstsein schaut also im Gedächtnis nach, ob es „verwandte“ Informationen findet, die ihm helfen, die Repräsentation mit Gefühlen auszustatten bzw. überhaupt Gefühle zu erzeugen.

Wenn im Gedächtnis rein gar nichts vorhanden wäre, wüsste das Unterbewusstsein nicht, welche Gefühle es auslösen sollte. Ohne vorhandene Gefühle könnte es auch keine instinktive Handlung erzeugen. Daraus folgt: Es müssen bereits Informationen im Gedächtnis vorhanden sein, weil jede Menge Instinkthandlungen bei jungen mobilen Zellhaufen zu beobachten sind.
Grundsätzlich kommen diese „ersten" Begleitgefühle mit Informationen aus zwei Quellen in das Gedächtnis, entweder durch Vererbung oder infolge eines Lernprozesses im Mutterleib.

1. Vererbte Informationen

DNA ist ein sehr stabiles Molekül: Es kann die Erbinformation tausende Jahre lang speichern und verlässlich von einer Generation an die nächste weitergeben. Dennoch ist die DNA nicht unveränderlich. Enzyme (biologische Riesenmoleküle) führen ständig kleinere Veränderungen durch und beeinflussen, ob und wie eine Zelle auf ihr Erbgut zugreifen kann. Diese Prozesse schaffen eine neue Informationsebene auf dem Genom – das Epigenom (epi: griech. auf).

Es gibt viele Möglichkeiten, epigenetische Veränderungen einzuführen. Zu den wichtigsten gehören:

- *Kleine Moleküle werden an die Buchstaben des Erbguts Angehängt oder entfernt*
- *Proteine falten den DNA-Strang zusammen und entwirren Ihn wieder*
- *RNA-Moleküle binden an die DNA und verdecken die Erbinformation*

Die Epigenetik beantwortet eine wichtige Frage: Wie ist es möglich, dass unterschiedliche Zellen oder Lebewesen aus der identischen Erbinformationen hervorgehen? Aus einer menschlichen Stammzelle entstehen mehr als 200 verschiedene Körperzellen.

Eine Bienenlarve wird entweder Arbeiterin oder Königin: In beiden Fällen ist es das Epigenom, das die Identität bestimmt. Es ist eine Art Gedächtnis für Gene und bestimmt, welche verwendet und welche abgeschaltet werden.

Eine Muskelzelle benutzt daher nur die Gene, die für ihre Arbeit wichtig sind. Eine Hautzelle wiederum benutzt einen ganz anderen Satz von Genen. Und das gleiche gilt für die Zellen von Herz, Niere, Hirn und allen anderen Organen. So sind alle 20 000 menschlichen Gene ständig im Gebrauch - aber niemals in einer einzelnen Zelle. Epigenetische Prozesse spielen eine entscheidende Rolle, wenn sich Lebewesen entwickeln oder Zellen in einem komplexen Organismus zusammenarbeiten. In beiden Fällen reicht es nicht, den grundlegenden Bauplan – das Genom – blind umzusetzen. Erforderlich ist stattdessen ***ein ständiges Wechselspiel von Genom und Umwelt.*** *So wie sich die Körperzelle in ihr Gewebe eingliedert, muss sich auch der Organismus auf seinen Lebensraum einstellen.*

Quelle: wissensschau.de Copyright © 2008-2022 Volker Henn.

Fazit:

Instinkte sind demzufolge ererbte Informationen mit Begleitgefühlen. Diese Informationen wurden ursprünglich von Individuen erlernt und verursachten im Verlauf der Evolution epigenetische Veränderungen. Neben zufälligen Mutationen können also auch epigenetische (erlernte)

Faktoren das Erbgut verändern. Wie das konkret abläuft, ist noch nicht erforscht. Aber die Epigenetik könnte den Schlüssel für das Verständnis liefern.

2. Lernprozess im Mutterleib

Im Mutterleib werden dem Embryo-Zellhaufen die notwendigen Nährstoffe und Sauerstoff mit dem Blut durch die Nabelschnurvene von der Plazenta zugeführt. Dabei bekommt der künftige Zellhaufen auch sämtliche Botenstoffe verpasst, welche die Gefühlszustände der Mutter verursachen - er ist also allen Gefühlen der Mutter ausgesetzt. Außerdem bekommt der Embryo-Zellhaufen bereits erste Informationen aus der Umwelt (Geräusche, Gerüche, Geschmack etc.). Er lernt also bereits im Mutterleib, d. h. das Gedächtnis beginnt sich sowohl mit positiven als auch negativen Informationen und deren Begleitgefühlen zu füllen.

"Wenn ein Mensch im Mutterleib ausschließlich Ablehnung erfahren musste, wird er es später wahrscheinlich schwerer haben, sich selbst zu mögen," meint Dr. Thomas Reinert, Facharzt für psychotherapeutische Medizin. Der weibliche Körper kann das Ungeborene vor Stress schützen. Durch ein bestimmtes Enzym können Botenstoffe im Blut bis zu einem bestimmten Grad entschärft werden. Aber wenn es dauerhaft zu viel wird, versagen diese Mechanismen. Dann wird unter Umständen das kindliche Vertrauen in die Welt erschüttert. Solche Babys schreien oft mehr in der ersten Zeit nach der Geburt. Oder sie sind schläfrig und desinteressiert. (Quelle: Sven Stemmer; Väterzeit.de)

Im Gedächtnis erfolgt keine Unterscheidung mehr, woher welche Information stammt bzw. ob etwas erlernt oder vererbt wurde. Was bedeutet das?

Die Fühl- und Denkfabrik eines frisch geborenen menschlichen Zellhaufens kann

- schon Informationen wahrnehmen und zu Repräsentationen verarbeiten und
- diese Repräsentationen mit den bereits im Gedächtnis vorhandenen Informationen abgleichen
- dadurch Gefühle erzeugen und damit Handlungen initiieren
- **aber noch nicht denken!**

Die Inbetriebnahme der Abteilung Bewusstsein erfolgt nicht schlagartig, sondern Schritt für Schritt. Je mehr Informationen wahrgenommen, verarbeitet und gespeichert werden, umso mehr Mitarbeiter der künftigen Abteilung Bewusstsein (Gehirnzellen) werden aktiv und beginnen mit der Arbeit. *„Learning by doing"* bzw. *„Lernen durch eigenes Handeln (im konkreten Fall denken)"* ist die Devise, wobei die Abteilung Unterbewusstsein mit Zuhilfenahme der Abteilung Gedächtnis die ersten Informationen, Erfahrungen und Aufgabenstellungen an die neue Abteilung Bewusstsein liefert. Diese ersten „Informationen inkl. der Begleitgefühle" prägen natürlich die Abteilung Bewusstsein. Wenn genügend Mitarbeiter der neuen Abteilung aktiv geworden sind, und erste Informationen vorliegen, beginnt die Abteilung Bewusstsein, die ersten vagen Gedanken zu fassen.
Neben den Informationen spielen auch hierbei eben die Gefühle wieder eine entscheidende Rolle, denn sie bestimmen das Arbeitsklima der Abteilung Bewusstsein.

Je besser das Arbeitsklima, umso mehr Freude haben die Mitarbeiter an ihrer Arbeit. Trotzdem bestimmt in den ersten Monaten des Babyzellhaufens eindeutig das Fühlen das Handeln, denn Denken ist eine Fähigkeit, die langsam erlernt und ständig trainiert werden muss.

Die Fühl- und Denkfabrik von Babyzellhaufen

Wenn wir davon ausgehen, dass die Persönlichkeit eines Erwachsenen von seinem Fühlen, Denken und Handeln bestimmt wird, dann können wir bei einem Baby noch nicht von einer Persönlichkeit sprechen, denn es kann ja noch nicht denken. Wissenschaftler sprechen deshalb anstelle von *Persönlichkeit* vom *Temperament* eines Babys.

Dieses Temperament hat 6 Dimensionen:

1. *Aktivität*
   Wie verhält sich das Baby? Ist es eher aktiv oder verhält es sich eher passiv, wenn etwas in seiner Umgebung passiert?
2. *Rhythmus*
   Verlangt es regelmäßig nach Nahrung, schläft es regelmäßig?
3. *Aufmerksamkeit*
   Kann es sich länger mit etwas beschäftigen oder wendet es sich schnell wieder ab?
4. *Ängstlichkeit*
   Wie reagiert es auf neue Reize/unbekannte Personen?
5. *Unbehaglichkeit*
   Wie reagiert es auf Veränderungen z. B. auf das Baden, Anziehen etc.?
6. *Grundstimmung*
   Ist es überwiegend gut oder eher schlecht gelaunt?

Woher kommen diese „Dimensionen“? Dimensionen sind letztlich Gefühle. Und Gefühle entstehen durch Hormone, die aus verschiedenen Ursachen produziert und freigesetzt werden. Dabei können sowohl epigenetische Erbanlagen, traumatische Erlebnisse, Umwelteinflüsse, Stress u. a. eine entscheidende Rolle spielen. Die Erbinformationen werden zwar durch diese Ereignisse nicht verändert, aber die Genaktivität wird durch das Anhängen oder Entfernen von Molekülen reguliert.
D. h. epigenetische Prozesse entscheiden darüber, welche Gene abgelesen werden können und welche stumm geschaltet sind, und damit welche Botenstoffe produziert und freigesetzt werden.

Fazit:
Unser *Temperament* wird uns praktisch mit in die Wiege gelegt. Daran können wir definitiv nichts ändern. Später wirken auf das Temperament noch die frühkindliche und die kindliche Prägung. Diese Prägungen entscheiden letztlich darüber, ob unser Temperament erhalten bleibt oder überschrieben wird. Auch daran können wir so gut wie nichts ändern.
Wir müssen also wohl oder übel akzeptieren, dass „wir“ nüchtern betrachtet keinerlei Einfluss darauf haben, wie sich unsere Persönlichkeit, unser Fühlen, Denken und Handeln entwickeln.

Diese Erkenntnis mag uns im ersten Moment schockieren. Das muss sie aber nicht. Unsere Fühl- und Denkfabrik Gehirn ist ein Leben lang lernfähig und damit „veränderbar“ (Plastizität des Gehirns).
D. h. jeder menschliche Zellhaufen hat zumindest das Potenzial und damit auch eine Chance, sein Fühlen, Denken und Handeln kritisch zu hinterfragen, zu analysieren und

auch zu verändern. Dafür bedarf es in erster Linie Informationen darüber, wie wir unser Potenzial nutzen können. Wenn wir wissen, warum wir wie fühlen und denken, können wir die konkreten Ursachen analysieren, ggf. beseitigen und dadurch auch unser Fühlen und Denken und nicht zuletzt unser Handeln verändern.

Wo der Verstand wohnt

Die Abteilung Bewusstsein beherbergt unseren Verstand und entscheidet über unsere Denkleistungen und damit über unsere Gedanken.
Verstand: Fähigkeit, zu verstehen, zu urteilen und logisch und rationell zu denken; die Gesamtheit der geistigen Kräfte, Quelle: Wiktionary.org)

Jedes Gefühl, das vom Unterbewusstsein aufgrund der Wahrnehmung einer Information verursacht wird, „überfällt" das Bewusstsein, und zwar völlig unabhängig davon, ob das Bewusstsein auch die entsprechende Information erhält oder nicht. Wenn das Bewusstsein z. B. gerade mit einem Problem beschäftigt ist, kann das Unterbewusstsein die Information/Repräsentation nicht an das Bewusstsein liefern. In diesem Fall wird die Repräsentation „nur" nach den bereits diskutierten Regeln im Gedächtnis gespeichert.
Wenn nun starke Gefühle das Bewusstsein aus dem Konzept bringen, kann es passieren, dass der Verstand unter Umständen schon mal „aussetzt" und das Fassen von klaren Gedanken stark beeinträchtigt wird.
Die Tatsache, dass unser Bewusstsein beim Denken von Gefühlen gestört werden kann, bestätigt unsere Hypothese, dass das Fühlen lange vor der Fähigkeit Denken

entstanden sein muss. Denken ist rein evolutionär betrachtet also „nur“ eine Ergänzung des Fühlens.
Aufgrund der Menge und der Vielfalt an Informationen, die unsere Fühl- und Denkfabrik wahrzunehmen hat, ist die Bedeutung des Denkens im Gegensatz zum Fühlen deutlich gestiegen - das Denken ist für das Handeln wichtiger geworden als das Fühlen.
Hinzu kommt, dass die ungeheuer große Zahl an Informationen, die wir tagtäglich gezwungenermaßen wahrnehmen, mit Gefühlen allein nicht mehr beherrscht werden kann. Es braucht den Verstand und kluge Gedanken, um sowohl der Informationsflut als auch dem Gefühlschaos Herr zu werden und vor allem, um unser schnelles, aber geistloses „Roboterunterbewusstsein“ zu bändigen.
Dieses „Roboterunterbewusstsein“ versorgt das Bewusstsein nicht nur unaufgefordert mit Gefühlen, mit selbsterstellten Repräsentationen und mit jeder Menge Informationen und Gefühlen aus dem Gedächtnis.
Es manipuliert und belügt das Bewusstsein auch mit jeder Menge Falschinformationen, unbegründeten Gefühlen und alternativen Fakten. Natürlich tut es das ohne jede Absicht. Unser Unterbewusstsein kann einfach ***nicht*** zwischen den Worten **richtig und falsch, gut und böse, ja und nein** unterscheiden.
Es kann nur Gefühle „messen“ und nach der Intensität die Informationen auf den vorderen Speicherplätzen im Gedächtnis auswählen. Dabei ist ihm völlig wurscht, ob es positive oder negative Gefühle sind. Und es kann Suchmaschine, und zwar die schnellste Suchmaschine der Welt.

Leider arbeitet diese Suchmaschine nach ihren eigenen Regeln und nicht auf Befehl des Bewusstseins. Wenn die Suchmaschine Unterbewusstsein konkrete Befehle des Bewusstseins ausführen könnte, müsste sie/es diese Befehle ja verstehen, was eine gewisse Logik bzw. minimale Intelligenz erfordern würde. Aber es hat weder eine innere Logik noch eine klitzekleine Intelligenz, nur Regeln und eine extreme Geschwindigkeit, mehr nicht.

Das Problem des Bewusstseins besteht hauptsächlich darin, von der Unfähigkeit des Unterbewusstseins nichts zu wissen. Aber auch wenn es davon weiß, ist das keine Garantie dafür, dass das Bewusstsein dazu in der Lage ist, alle Informationen hinsichtlich Wahrheitsgehalt zu überprüfen. Das Bewusstsein kann externe Informationsquellen anzapfen, um Informationen zu überprüfen. Aber erstens funkt ihm das Unterbewusstsein im Zweifelsfall ständig mit erneuten Lügen und Fake News dazwischen, zweitens kostet so eine Überprüfung Zeit und Energie und drittens muss das Bewusstsein die Fähigkeit des kritischen Denkens beherrschen.

Kritisches Denken beschreibt die Fähigkeit, sowohl eigene Entscheidungen als auch Ansichten und Entscheidungen (Informationen) von anderen (also externen Quellen) kritisch hinterfragen zu können. Hat es diese Fähigkeit nicht gelernt bzw. nicht trainiert, begeht es bei der Überprüfung ganz einfach zu viele Fehler.

Nachfolgend eine Variante der Definition des kritischen Denkens:
Kritisches Denken besteht aus drei Komponenten:

Dem Minimieren logischer Fehlschlüsse, dem Minimieren kognitiver Verzerrungen, sowie einer probabilistischen (mehr oder weniger wahrscheinlichen) Erkenntnistheorie. *Diese sind im nächsten Abschnitt kurz erklärt.*

1. Minimieren logischer Fehlschlüsse

Wir machen Schlussfolgerungen über die Welt dadurch, dass wir Argumente aufstellen: Wir postulieren Prämissen und ziehen aus diesen Prämissen logisch schlüssige Schlussfolgerungen. Nur gelingt uns das nicht immer, denn wir begehen oftmals logische Fehlschlüsse.

Kritisches Denken bedeutet ein Denken, welches darauf ausgelegt ist, logische Fehlschlüsse – sowohl formale wie auch informale – zu vermeiden.

2. Minimieren kognitiver Verzerrungen

Unser automatisiertes Denken funktioniert meistens gut genug, um uns durch den Alltag zu manövrieren. Dabei bedienen wir uns unterschiedlicher kognitiver Heuristiken, um mit möglichst wenig kognitivem Aufwand eine einigermaßen taugliche Schlussfolgerung zu erreichen. Diese Heuristiken können bisweilen aber auch zu deutlich falschen Schlüssen führen, und darum werden sie oftmals als kognitive Verzerrungen bezeichnet. Kognitive Verzerrungen lassen sich wohl nicht ganz abschalten, da sie fester Bestandteil unseres Hirnes sind. Es ist aber möglich, gezielt in einen langsamen Denkmodus zu wechseln, um kognitive Verzerrungen zu vermeiden. Diese Form des langsamen Denkens ist Teil kritischen Denkens.

*3. **Probabilistische Erkenntnistheorie** (probabilis = wahrscheinlich).*

Wir wollen gerne Sicherheit haben. Wir wollen wissen, dass Zusammenhänge und Kausalitäten eindeutig und sicher sind, wie sie sind; wir tun uns eher schwer damit, zu akzeptieren, dass es auch Unsicherheiten gibt. Unsere Alltagserkenntnis ist deterministischer Natur, denn eine solche ad hoc-Erkenntnistheorie vermittelt uns die Illusion von Gewissheit.

Unser Zugang zur Realität ist aber nicht deterministisch und nicht immer sicher – wir können Wahrheitsbehauptungen immer nur verbunden mit einem bestimmten Maß an Ungewissheit machen. Bei kritischem Denken gilt es, diese Ungewissheiten explizit in Form einer mehr oder weniger wahrscheinlichen Erkenntnistheorie (Epistemologie) zum Ausdruck zu bringen.

(Quelle: kritisch-denken.ch).

Frage: Was können wir gegen „logische Fehlschlüsse und kognitive Verzerrungen“ in unserem Gehirn tun, wenn sie bereits im Gedächtnis gespeichert sind?

Antwort: Fakt ist, *wir können nichts aus dem Gedächtnis löschen bzw. entfernen.* Warum? Weil das Bewusstsein keinen direkten Zugang zum Gedächtnis hat. Wir können nicht einfach beschließen, an bestimmte Gedächtnisinhalte nicht mehr zu denken. Wir können dieses Vorhaben: *„Ich will nicht mehr an X denken“* in Gedanken formulieren, leise vor uns hin brabbeln oder laut herum schreien, es wird nicht helfen. So werden wir die als falsch erkannten Gedächtnisinhalte nicht los.

Der Grund dafür liegt beim Bioroboter Unterbewusstsein. Natürlich registriert das Unterbewusstsein den frommen Wunsch unseres Bewusstseins: „Ich will nicht mehr an X denken“. Aber es kann mit dem Wort „nicht“ nichts anfangen. Es kennt keine Verneinung, es kann nicht zwischen ja und nein, richtig und falsch, gut und böse unterscheiden. Logisches Denken kann das Unterbewusstsein nicht. Deshalb speichert es im Gedächtnis zwar die vom Bewusstsein kommenden internen Informationen, aber eben ohne das Wörtchen „nicht“. Von dem Vorsatz „ich will nicht an X denken“ landet im Gedächtnis „ich will an X denken“. Das ist kontraproduktiv, denn mit jeder Wiederholung verstärkt das Unterbewusstsein X! Dumm gelaufen, das Unterbewusstsein verkehrt jeden Versuch ins Gegenteil, negative Gedächtnisinhalte aus dem Gedächtnis zu löschen. Die Negativspirale dreht sich wieder.

Fazit:
Wenn ein Entfernen nicht möglich ist, besteht die einzige Alternative in der Verdrängung dieser negativen Informationen/Gedächtnisinhalte durch neue, positive Informationen/neue Erkenntnisse.
Frage: Wie können wir negative Informationen bzw. Gedächtnisinhalte von den Spitzenplätzen im Gedächtnisregal verdrängen, wo wir doch keinen Zugriff auf das Gedächtnis haben?
Antwort: Mit der Wahrnehmung positiver Informationen, die das Unterbewusstsein verarbeiten muss. Das Unterbewusstsein muss zum Glück alle Informationen, auch positive, ins Gedächtnis stecken. Es spielt keine Rolle, ob es sich dabei um Repräsentationen von Wahrnehmungen oder um interne Informationen direkt vom Bewusstsein handelt. Alles wird irgendwo im Gedächtnis platziert!

Allerdings sind, wie wir bereits wissen, die Begleitgefühle von positiven Informationen in der Regel viel zu schwach, um die starken Begleitgefühle der Negativinformationen zu überdecken. Allein durch die Wahrnehmung positiver Informationen wird also noch lange nix verdrängt.

Wir (unser Bewusstsein) müssen die positiven Begleitgefühle von positiven Informationen irgendwie mental so gut es geht verstärken. Wenn uns das gelingt, wenn also die positiven Begleitgefühle stärker sind als die Begleitgefühle der negativen Informationen, muss unser Unterbewusstsein diese positiven Informationen auf einen der vorderen Plätze im Gedächtnisregal abspeichern und die negativen Informationen nach hinten verschieben.
Und je öfter wir diese Wahrnehmungen positiver Informationen organisieren, umso mehr verstärken sich die positiven Begleitgefühle.

Auch wenn sich der Begriff „positives Denken" eher wie eine der ausgelutschten Erfolgsphrasen von Selbsthilferatgebern liest, für unsere Zwecke sind Aktionismus in Gestalt von positiven Gedanken eine durchaus wirkungsvolle Methode, um die Begleitgefühle positiver Informationen mental zu verstärken. Positive Gedanken sind interne Informationen, an denen unser Unterbewusstsein nicht vorbei kommt. Aber es müssen nicht zwingend eigene positive „Aha-Erkenntnisse" sein. Lesen kann Denken mit einem fremden Gehirn sein. Wichtig dabei ist das bewusste Mit- und Überdenken des Gelesenen, denn rein mechanisches Lesen an sich führt lediglich zum Chauffeurwissen. Dieses Mitdenken bzw. die positiven Gedanken beim bewussten Lesen eindrucksvoller positiver Geschichten sind interne Informationen, die vom Unterbewusstsein registriert und gespeichert werden müssen. Wer nicht gern liest, kann alternativ ebenso Hörbücher benutzen. Filme bzw. Videos können ebenso positive Aha-Erlebnisse bieten. Wichtig ist das bewusste

Mit- und Überdenken, und das ist beim Lesen für die meisten Menschen einfacher. Ein Text ist beliebig oft wahrnehmbar, Filmsequenzen sind dagegen schnell wieder aus dem Wahrnehmungsfocus entwischt.
Für Lesemuffel noch folgende Anmerkung: Es steht nirgendwo geschrieben, dass wir ein ganzes Buch Seite für Seite lesen und auch noch überdenken müssen.
Bei manchen Büchern ist es durchaus angebracht und unter Umständen sinnvoller, diverse Seiten zu „überfliegen", weil die wirklich wichtigen Aussagen/Inhalte oft auf wenigen Seiten mehr oder weniger komprimiert versammelt sind.

Fakt ist: Je intensiver und häufiger wir positive Erlebnisse/ Erkenntnisse wahrnehmen und in unser Bewusstsein rufen, umso besser die Chancen auf eine gute Platzierung im Gedächtnisregal und auf die Verdrängung negativer Erlebnisse/Erkenntnisse. Das Gleiche gilt auch für „alternative Fakten und Fakes (Fälschungen)", die in der Regel nur durch intensives Hinterfragen und kritisches Denken von den tatsächlichen Fakten zu unterscheiden sind. Das Gute daran ist, sobald wir ein Fake, einen Mythos oder eine Verschwörungstheorie als solche erkannt und entlarvt haben, lösen sich die vormals starken negativen Begleitgefühle in Luft auf und die „guten" Plätze im Gedächtnisregal werden praktisch quasi von selbst frei.

Fakt ist auch, dass unser Bewusstsein unter dem Einfluss von Glücksgefühlen bzw. im Zustand von Zufriedenheit auch negative Informationen als harmloser bewertet als im Zustand der Angst oder der Besorgnis. Diese Bewertung muss das Unterbewusstsein registrieren und bei der Platzierung der internen Gedanken im Gedächtnisregal berücksichtigen.

Also, mit welchen Hilfsmitteln unser Gefühlszustand verbessert wird, ist völlig egal. Aber in einer guten Stimmungslage des Bewusstseins sind die Begleitgefühle negativer Informationen weit weniger einflussreich.

Gefühle - unser evolutionärer Rucksack

Gefühle sind Körperzustände, die sich infolge von Wahrnehmung und Verarbeitung diverser Informationen einstellen. Die Evolution hat mobile Zellhaufen für die Verarbeitung von internen und externen Informationen ausgerüstet. Interne Informationen kommen in Form von Botenstoffen von den Organen und Muskeln des Zellhaufens und gelangen über das vegetative Nervensystem direkt in das Gehirn. Externe Informationen müssen von den Sinnesorganen wahrgenommen und in Form elektrischer Impulse über das sensorische Nervensystem in das Gehirn übertragen werden. Dort erstellt das Gehirn dann die Repräsentationen. Der Abgleich mit dem Gedächtnis führt zur Herstellung und Ausschüttung von bestimmten Botenstoffen, was als Begleitgefühle wahrgenommen wird. Diese Begleitgefühle lösen entsprechende Handlungen aus bzw. helfen dem Unterbewusstsein bei der Auswahl der Speicherplätze in den Gedächtnisregalen. Wie wir bereits festgestellt haben, funktionierte dieses System bei den mobilen Zellhaufen im Rahmen der Nahrungskette soweit, dass für alle „gesorgt" war. Bedrohliche und furchterregende Informationen korrespondieren mit starken Begleitgefühlen, während positive und normale Informationen mit weniger starken oder schwachen Begleitgefühlen einhergehen. Die Palette der Gefühle blieb in einem überschaubaren Rahmen. Doch eines schönen Tages hat die Evolution die Abteilung Bewusstsein mit der Fähigkeit Denken als Ergänzung zur

Abteilung Unterbewusstsein und der Fähigkeit Fühlen installiert.
Jeder im Bewusstsein gefasste Gedanke ist praktisch eine interne Information, die vom Unterbewusstsein hinsichtlich ihrer Begleitgefühle „verarbeitet" werden muss. Durch die Fähigkeit Denken stieg die Zahl der internen Informationen exponentiell an. Um dem Unterbewusstsein eine „Weiterverarbeitung" der vielen Gedanken zu ermöglichen, benötigte es zusätzliche Begleitgefühle.
Das war und ist kein Problem, denn bei ca. 100 unterschiedlichen Botenstoffen ist das Reservoir für diverse „Kombinationen aus verschiedenen Botenstoffen nahezu unerschöpflich. Beim Lotto 6 aus 49 gibt es 13.983.816 Kombinationen. Wir müssen nicht nachrechnen, wieviel Kombinationen bei 6 aus 100 möglich sind - es sind unermesslich viele.
Starke Gefühle sind kein Dauerzustand und sollten es auch nicht sein. Das Gehirn strebt immer nach Harmonie, also nach der Wiederherstellung des genetisch festgelegten Hormonhaushaltes.
D. h., bei Störungen wird die Produktion überflüssiger Botenstoffe gestoppt und sie werden über die Leber oder die Nieren ausgeschieden.
Wenn bestimmte Botenstoffe allerdings permanent über längere Zeiträume produziert und ausgeschüttet werden, versagen die Regulationsmechanismen des Gehirns und es kommt zur nachhaltigen Beeinträchtigung von Gehirn- und/oder Organ- bzw. Körperfunktionen.
Jeder menschliche Zellhaufen hat seinen individuellen Hormonhaushalt. Und jeder abgesonderte Botenstoff bzw. jede Kombinationen von gleichzeitig abgesonderten Botenstoffen steht für ein bestimmtes Gefühl.

Nach dem US-Forscher Paul Ekman empfindet der Mensch sechs Grundgefühle. Alle übrigen Gefühle setzen sich aus den Basis-Emotionen ***Angst, Ekel, Glück, Trauer, Überraschung und Wut*** zusammen. Hier fehlt evtl. noch eine „Basisemotion", und damit kommen wir auf sieben:
Angst, Ekel, Zufriedenheit (Glück), Trauer, Überraschung, Wut (Ärger), sexuelles Verlangen (Reproduktionsinstinkt).
Diese sieben Gefühle waren in Form diverser Botenstoffe lange vor dem Denken im Gehirn präsent. Sie veranlassten gewissermaßen noch vor der Erlangung der Fähigkeit Denken den mobilen menschlichen Zellhaufen zum Handeln. Genau das ist „leben ohne denken", und es funktioniert offensichtlich noch heute.
Seit das Gehirn menschlicher Zellhaufen eine Abteilung Bewusstsein hat und einen Gedanken nach dem anderen fasst, sieht das wie bereits erwähnt, ganz anders aus mit den Gefühlen.
Wissenschaftler der Universität Berkeley haben noch mal genau hingeschaut - und 27 verschiedene Emotionen definiert. Die Forscher haben die Reaktionen auf Webvideos untersucht, die Ergebnisse stehen nun in einem Wissenschaftsjournal. Von 6 auf 27: Die menschliche Gefühlswelt ist also plötzlich deutlich größer geworden.
Die Wissenschaftler haben die Studie mit 853 Frauen und Männern durchgeführt. Die Forscher hoffen, so neue Impulse in der Psychologie und Medizin zu schaffen. Wenn klar ist, dass es mehr als Wut und Trauer gibt, kann Menschen zum Beispiel bei Depressionen viel gezielter geholfen werden.
Das sind die 27 Emotionen, die die Forscher unterteilen:
***Angst, Ekel, Zufriedenheit (Glück), Trauer, Überraschung, Wut (Ärger), sexuelles Verlangen,* sowie (neu):**

Hunger, Schrecken, Besorgnis, Romantik, Nostalgie, Schmerz, Erleichterung, Aufregung, Interesse, Langeweile, Verwirrung, Verzückung, Gelassenheit, ästhetische Wertschätzung, Freude, Bewunderung, Verehrung, Staunen, Belustigung und Befangenheit.
(Quelle: Spiegel Panorama; Marc Röhlig vom 11.09.2017).

Ob es zwischen Überraschung und Staunen einen signifikanten Unterschied gibt, darf bezweifelt werden, aber sei's drum. Fakt ist, dass einige der neu definierten Gefühle erst mit der Fähigkeit Denken bzw. infolge bestimmter Gedanken entstanden sein können. Das ein Gefühl „ästhetischer Wertschätzung" ohne Verarbeitung entsprechender Vorabinformationen, ohne Wissen, Erlebnisse oder Erfahrungen und damit ohne einem vorab erfolgtem Denkprozess entstehen kann, ist wohl eher unwahrscheinlich.
Unserer Phantasie sind beim Beschreiben unserer Gefühlswelt keine Grenzen gesetzt. Es ist durchaus vorstellbar, dass in naher Zukunft noch weitere Gefühle „definiert" werden. Nur ohne Denken bzw. ohne Gedanken könnten wir weder bestimmte Gefühle „definieren" und identifizieren, noch deren Ursachen beschreiben.
Letzteres gelingt uns ohnehin nur selten, weil Gefühle flüchtige Erscheinungen sind und die Homöostase ganz fix die Harmonie der Botenstoffe wieder herzustellen versucht.
Homöostase steht für die Aufrechterhaltung des so genannten inneren Milieus des Körpers mit Hilfe von Regelsystemen. Diese Systeme können u. a. sein: die Regelung des Kreislaufs, der Körpertemperatur, des pH-Wertes, des Wasser- und Elektrolythaushaltes ***oder die Steuerung des Hormonhaushaltes***.(Quelle: wissen.de)

Fakt ist jedoch, dass jedes noch so flüchtige Gefühl unser Bewusstsein erreicht und damit unser Denken beeinflusst. Ob das Unterbewusstsein die von ihm erarbeiteten Repräsentationen direkt an das Bewusstsein oder „nur“ an das Gedächtnis weiterleiten kann, hängt von folgenden Szenarien ab:

Szenario 1: Das Bewusstsein hat gerade keine Zeit, weil es mit anderweitigen Gedanken beschäftigt ist. Es spürt die Begleitgefühle, weiß aber nicht, woher diese kommen. In diesem Fall liefert das Unterbewusstsein die erarbeiteten Repräsentationen nur an das Gedächtnis und speichert sie nach der Reihenfolge der Intensität der Begleitgefühle.
Szenario 2: Das Bewusstsein hat Zeit und bekommt kurz nach den Gefühlen auch die entsprechenden Repräsentationen. Allerdings weiß das Bewusstsein nicht, ob diese Repräsentationen die Auslöser der aktuellen Gefühle sind. Könnte sein, muss aber auch nicht sein. Nur das Unterbewusstsein könnte den Zusammenhang erklären, wozu es aber natürlich nicht imstande ist. Erstens hat das Unterbewusstsein die Lieferungen rein „physisch“ nach ihm „einprogrammierten“ festen Regeln durchgeführt, und zweitens hat es kein Bewusstsein, d. h. es kann gar nicht wissen, warum es überhaupt etwas tut. Es tut es einfach, wie ein seelenloser Roboter, solange der ausreichend Antriebsenergie hat. Aber was unser „Unterbewusstseinsroboter“ tut, das macht er in atemberaubender Geschwindigkeit.

Fazit:
Das Fühlen bzw. unsere Gefühle sind ein elementarer Bestandteil unseres Lebens, welches ja aus Fühlen, Denken und Handeln besteht.

Grundsätzlich werden Gefühle vom Unterbewusstsein aufgrund wahrgenommener Informationen „gemacht". Informationen bestimmen also letztlich unser Fühlen und damit unser Handeln.
Seitdem jedoch die Fähigkeit Denken als Ergänzung zum Fühlen Einzug in unsere Fühl- und Denkfabrik Gehirn gehalten hat, kann der Bioroboter Unterbewusstsein nicht mehr schematisch vor sich hin arbeiten, Gefühle erzeugen und damit Handlungen generieren. Plötzlich ist mit dem Bewusstsein eine Abteilung da, die zwar von den Gefühlen beeinflusst wird und obendrein von der Zuarbeit des Unterbewusstseins stark abhängig ist, die aber gleichzeitig Gefühle und Zuarbeit bewerten, verändern und „eigene" Gedanken fassen kann. Das Bewusstsein ist in der Lage, neben den Informationen vom Unterbewusstsein bzw. vom Gedächtnis zusätzlich aktiv externe Informationen einzuholen. Während der Bioroboter Unterbewusstsein rein mechanisch Gefühle macht, macht das Bewusstsein kluge oder unkluge Gedanken. Aus diesen Gedanken muss das Unterbewusstsein wieder kluge oder unkluge Gefühle machen, die wiederum das Denken beeinflussen usw.
Das Bewusstsein kann also die vom Unterbewusstsein „erarbeiteten" Informationen und Repräsentationen nachträglich „überarbeiten".
Das Unterbewusstsein muss diese Überarbeitungen akzeptieren und im Gedächtnis ablegen. Es hat selbst keinerlei Urteilsvermögen.

Im Gegensatz zum Unterbewusstsein ***kann*** das Bewusstsein denken.
Es ***kann*** sehr wohl zwischen ja und nein, richtig und falsch sowie gut und böse unterscheiden.

Es ***kann*** Informationen logisch (sinnvoll) zu Gedanken zusammenfassen, neue Erkenntnisse erarbeiten und komplizierte Aufgaben lösen.
Allerdings liegt der Schwerpunkt auf dem kleinen Wörtchen ***„kann".*** Ganz simpel ausgedrückt: *Wenn das Bewusstsein unfähig ist, nix gelernt hat, pennt oder nur so vor sich hin dümpelt, kann das Unterbewusstsein ziemlich ungehindert und unabhängig vom Bewusstsein sein roboterhaftes, unlogisches und ungeordnetes Agieren in Form von Handlungen auslösenden Gefühlen voll durchziehen.*

Das Märchen vom Hasen und dem Igel

Unser Fähigkeiten Fühlen und Denken gleichen in gewisser Hinsicht dem Grimm'schen Märchen vom Hasen und dem Igel. Es findet ein ständiger Wettbewerb statt zwischen der Abteilung Unterbewusstsein (UBWS = Hase: extrem *schnell*, aber strohdumm, im wahrsten Sinn des Wortes zu 100 % *gedankenlos*), und der Abteilung Bewusstsein (BWS = Igel: extrem langsam, aber kritisch und logisch denken könnend, eben clever).

Im Märchen gewinnt immer der schlaue und clevere Igel gegen den schnellen aber etwas dümmlichen Hasen. Zwar gewinnt der Igel nur mit Hilfe seiner Frau, bzw. durch eine List mit "alternativen Fakten". Aber er kompensiert mit seinem klugen Denken seine Unterlegenheit in einem von vornherein unfairen Wettbewerb.
Unsere Fühl- und Denkfabriken arbeiten dagegen in einer sehr realen, nicht in einer Märchenwelt. In der realen Welt gewinnen leider überwiegend die „fühlenden" Hasen

(Unterbewusstsein) gegen die denkenden Igel (BWS). Warum?
Weil den Igeln (Bewusstsein) in der realen Welt mehrheitlich das kluge Denken nicht beigebracht wird. Hinzu kommt eine schier unendlich große Belastung des Bewusstseins mit wahrgenommenen Informationen, Aufgaben, Problemen, Erlebnissen, Bedürfnissen, Anforderungen und künstlich erzeugten Interessen, was schon rein zeitlich von ihm nicht zu bewältigen ist.
Für kritisches Denken bleibt dem Bewusstsein entweder einfach keine Zeit oder nicht genug Energie oder beides.
Während das Unterbewusstsein von Geburt an bestens für seine Aufgaben ausgerüstet ist, müssen die Fähigkeiten des Bewusstseins, muss das kritische und logische Denken erst erlernt und ständig trainiert werden.

Erst wenn die Mehrheit der Menschen dies begreift und die Fähigkeiten des kritischen und logischen Denkens erlernt, wird sich unser Dasein auf dieser unserer Erde verbessern. Auch wenn damit nicht sofort für alle märchenhafte Zeiten anbrechen, es wäre ein Anfang.

Das Unterbewusstsein gewinnt - mögliche Folgen:

Beispiel 1: Die posttraumatische Belastungsstörung

Wiederholung: Jede wahrgenommene Information wird grundsätzlich vom Unterbewusstsein zu einer Repräsentation „verarbeitet“ und im Gedächtnis gespeichert. Handelt es sich um eine Information, die stärkere Gefühle erzeugt, werden diese Begleitgefühle gleich mit gespeichert.
Bedrohliche, negative Informationen erhalten aufgrund ihrer starken Begleitgefühle automatisch einen

bevorzugten „Speicherplatz" im Gedächtnis. Damit findet das Unterbewusstsein diese Informationen bei Bedarf leichter wieder.

Das bedeutet, dass z. B. traumatische Erlebnisse im Gedächtnis ganz oben stehen. Der geringste Anlass bzw. an sich belanglose Informationen, deren Repräsentationen auch nur entfernt mit dem traumatischen Erlebnis in Verbindung gebracht werden können, sorgen dafür, dass das traumatische Erlebnis bevorzugt von der Supersuchmaschine Unterbewusstsein gefunden und an das Bewusstsein geliefert wird. Damit „durchlebt" das Bewusstsein diese traumatische Situation erneut, was zur Folge hat, dass das traumatische Erlebnis vom Unterbewusstsein noch günstiger im Gedächtnis platziert wird oder wenigstens seinen Spitzenplatz behält. Bei jeder „Wiederholung" werden erneut die gleichen Botenstoffe ausgeschüttet, auch wenn die vom letzten Mal noch gar nicht vollständig abgebaut werden konnten. Somit entsteht ein ständig wachsender Überschuss an Botenstoffen, wodurch eine negative Gefühlsspirale in Gang gesetzt wird. Das Bewusstsein wird also permanent mit negativen Gefühlen und der Erinnerung an das traumatischen Erlebnis gleichzeitig geflutet. Es gibt kein Entrinnen. Wir sprechen hier von einer so genannten *posttraumatischen Belastungsstörung.*

Beispiel 2: Depressionen

Auf ähnliche Weise entstehen Depressionen, nur dass hier meist nicht ***ein*** traumatisches Erlebnis die Ursache ist. Bei Depressionen sind in der Regel ***viele*** kleine, sich ständig wiederholende negative Erlebnisse die Ursache. Die Summe macht's. Während jedes einzelne kleine, negative „Erlebnis" mit seinen durch Botenstoffe erzeugten

Gefühlen für die Wiederherstellung der Harmonie kein Problem darstellen würde, kommt die Homöostase bei einer Häufung sich ständig wiederholender, negativer Erlebnisse an ihre Grenzen. Der anhaltende Nachschub diverser Botenstoffe führt auch hier zu einer negativen Gefühlsspirale. Das Bewusstsein wird also auch hier dauerhaft in negative Gefühlszustände versetzt und gleichzeitig mit jeder Menge negativer Erlebnisse beschäftigt. Hält dieser Zustand über einen längeren Zeitraum an, weil die Spitzenplätze im Gedächtnis überwiegend mit diesen kleinen, negativen „Erlebnissen" besetzt sind, gibt es auch hier vermeintlich wieder kein Entrinnen. Wir sprechen von einer *Depression.* Der Unterschied zwischen einer posttraumatischer Belastungsstörung und einer Depression ist somit:

Bei einer PTB gibt es eine, meist bekannte Ursache in Form eines plötzlich eintretenden, einschneidenden, traumatischen Erlebnisses, welches aufgrund seiner intensiven Begleitgefühle vom Unterbewusstsein sofort im Gedächtnis auf Platz 1 gesetzt wird. Bei einer Depression gibt es viele kleine, zum Teil sehr lange zurück liegende negative Erlebnisse, die sich über längere Zeiträume praktisch addieren und sozusagen schleichend die Spitzenplätze im Gedächtnis belegen.

Fazit:

Die Vorgehensweise des Unterbewusstseins ist bei beiden Szenarien ähnlich. Es holt beim geringsten Anlass die negativen Erlebnisse samt negativer Emotionen von Platz 1 oder von den Spitzenplätzen aus dem Gedächtnis, liefert sie ans Bewusstsein, wo dann die negativen Erlebnisse gedanklich erneut durchlebt und gefühlt werden. So setzt das Unterbewusstsein eine Negativspirale in Gang.

Mit diesem Verhalten schadet das Unterbewusstsein seinem Zellhaufen. Warum es das tut?
Weil das Unterbewusstsein ein sowohl genialer als auch gleichzeitig ein strohdummer Bioroboter bzw. ein im wahrsten Sinn des Wortes gedankenloses „Ergebnis" der Evolution ist.

Genial ist die Geschwindigkeit, mit der das Unterbewusstsein wahrgenommene Informationen zu Repräsentationen verarbeitet, diese mit den Gedächtnisinhalten abgleicht, Begleitgefühle erzeugt und nach deren Intensität die Platzierung der Repräsentationen im Gedächtnis vornimmt. Die Begleitgefühle liefert es sofort an das Bewusstsein und wenn möglich, liefert es auch die Repräsentationen an das Bewusstsein. Außerdem beobachtet das Unterbewusstsein das Bewusstsein ständig und liest ihm im übertragenen Sinn jeden Gedanken „von den Lippen ab". Anschließend liefert es dem Bewusstsein in atemberaubender Geschwindigkeit wieder die mehr oder weniger zu den Gedanken passenden Informationen aus dem Gedächtnis. Ohne diesen „Lieferdienst" wäre das Bewusstsein völlig orientierungslos und arbeitsunfähig.
Grundsätzlich organisiert das Unterbewusstsein das Gedächtnis, indem es alle externen und alle internen Informationen, offenbar hinsichtlich der Stärke der zugehörigen Begleitgefühle (Emotionen) und/oder der Häufigkeit ihres Eintreffens in den Gedächtnisregalen platziert. Ob noch weitere Parameter bei der Platzierung eine Rolle spielen, wissen wir nicht so genau .
Fakt ist, dass alle Aktivitäten des Unterbewusstseins in atemberaubender Geschwindigkeit stattfinden und die Vorgehensweise sowohl einem Bioroboter als auch einer gigantischen Suchmaschine ähnelt.

Genial ist ebenfalls die Filterfunktion, für die das Unterbewusstsein bei der Wahrnehmung von Informationen sozusagen ganz nebenbei zuständig ist.
Indem das Unterbewusstsein für jede Repräsentation/ Information einen Abgleich mit den Inhalten der Gedächtnisregale durchführt, kann es anhand der Platzierung und der Begleitgefühle feststellen, welche Repräsentationen/Informationen vorrangig an das Bewusstsein geliefert werden und welche getrost ausschließlich auf die hintersten Plätze der Gedächtnisregale verbleiben können.
Von all diesen Aktivitäten weiß das Bewusstsein nichts. Es geht einfach alles viel zu schnell. Deshalb muss das Bewusstsein ganz zwangsläufig den Eindruck gewinnen, es hätte all das selbst zuwege gebracht. Wer auch sonst? Die Ich-Illusion lässt freundlich grüßen.

Faszination

***faszinieren** bedeutet: äußerstes Interesse wecken, große Anziehungskraft ausüben.*
Ursprünglich kommt der Begriff von „behexen", lateinisch „fascināre".
Faszination steht für Anziehungskraft · Attraktion · Attraktivität · Ausstrahlung · Zugkraft · Charme · Flair · Liebreiz · Reiz · Zauber sowohl im positiven als auch im negativen Sinn -Faszination des Bösen. (Quelle: Wikipedia)

Faszination ist zweifellos ein intensiver Gefühlszustand. Das Unterbewusstsein eilt ja bei der Wahrnehmung und Verarbeitung von Informationen mit der Erzeugung von Gefühlen (wie z. B. Angst, Überraschung, Trauer und Wut) dem Bewusstsein und damit den Gedanken immer einen Schritt voraus. Bei besonderen, außergewöhnlichen oder bedrohlichen Informationen erzeugt es vorrangig diese Gefühle. Das Procedere kennen wir schon. Das Bewusstsein wird von den entsprechenden Botenstoffen geflutet und in den jeweiligen Gefühlszustand versetzt. Bestenfalls nach Bruchteilen einer Sekunde bekommt das Bewusstsein vom Unterbewusstsein auch die Repräsentationen der wahrgenommenen außergewöhnlichen Informationen geliefert und dazu noch jede Menge zusätzlicher Informationen (vorhandenes Wissen oder Erfahrungen) aus dem Gedächtnis, die in irgendeinem Zusammenhang mit diesen Repräsentationen stehen. Jetzt kommt es dicke für das Bewusstsein.

Es muss den aktuellen Gefühlszustand und die Repräsentationen mit Hilfe des bereits vorhandenen Wissens/der vorhandenen Erfahrungen analysieren, hinterfragen und beurteilen. Das ist erstens nicht ganz einfach, denn die gefühlsauslösenden Botenstoffe müssen ja erst abgebaut werden. Zweitens kostet es jede Menge Zeit und Energie und drittens ist es ergebnisoffen.

Kann sein, das mit Hilfe des Vorwissens bzw. der Erfahrungen Gedanken gefasst werden, die eine vernünftige, abgewogene und der Situation angepasste Handlung ermöglichen. Vielleicht entstehen auch nur neue Erkenntnisse, die eventuell sogar mit starken positiven Gefühlen einher gehen, also faszinieren.

Kann aber auch sein, dass die negativen Gefühle (z. B. Wut oder Angst oder beide) so stark und das Vorwissen/die Erfahrungen so schwach sind, dass jedwede Vernunft im Keim erstickt wird und ganz absurde Handlungen erzeugt werden, die im Endeffekt noch stärkere, negativ faszinierende Gefühle hervorbringen.

Prof. Dr. Borwin Bandelow ist stellvertretender Direktor der Klinik für Psychiatrie und Psycho-therapie der

Universität Göttingen und Präsident der Gesellschaft für Angstforschung. Er hat das Buch »Wer hat Angst vorm bösen Mann? Warum uns Täter faszinieren« verfasst.

Nach seiner Überzeugung *„setzt das Unterbewusstsein in jeder Angst- oder Stresssituation immer auch euphorisierende Stoffe* (Botenstoffe) *frei, Endorphine. Sie sorgen für ein Hochgefühl, für Schmerzfreiheit, dafür, dass wir uns stark und beglückt fühlen. Dieser Mechanismus war für unsere Vorfahren überlebenswichtig: Wer etwa im Kampf mit einem Raubtier verwundet wurde, gab aufgrund der freigesetzten Endorphine nicht gleich auf, sondern kämpfte weiter. Ohne Lust am Risiko, an der Angst, hätten unsere Ahnen vielleicht nie das Feuer gezähmt oder wären nie ins Unbekannte aufgebrochen. Ohne Nervenkitzel kein Erfolg.*
Das Erstaunliche ist: Wenn die Gefahr gebannt ist, wenn wir etwa aus der Achterbahn wieder aussteigen, ebbt die Angst sofort ab – die Endorphine zirkulieren aber noch eine Weile im Blut, wie nach einem Orgasmus. Darin liegt der eigentliche Grund, warum sich Menschen freiwillig dem vermeintlichen Risiko, der Angst aussetzen. Dafür bezahlen sie an der Kinokasse oder im Vergnügungspark. Es geht allein um den berauschenden Kick der Endorphine."
Aber Prof. Bandelow geht noch weiter: *„Es ist nun einmal ein Erbe der Evolution, dass die Ausübung von Gewalt mit Hochgefühlen verbunden ist. Denn unter unseren Vorfahren setzten sich in erster Linie jene durch, die das brutale Töten von Raubtieren und Feinden besonders berauschte. Sie verfügten über die besten Nahrungsressourcen, hatten die besten Chancen, sich zu vermehren. So kommt es, dass eine archaische Lust an Gewalt in jedem von uns verankert ist. Das Gegengewicht dazu bildet – wie erwähnt – die soziale Angst. Wird uns die genommen, begeistert uns Gewalt*

umso freimütiger“. (Quelle: GEO WISSEN-Die Psychologie des Bösen).

Fazit: Es führen viele Ursachen zur Faszination, sowohl im Guten als auch im Schlechten. Streng genommen gehört die Faszination des Bösen zu unserem evolutionären Rucksack. Sie ist vielleicht einer der Gründe, warum die Medien sowohl im Vorabendprogramm als auch zur besten Sendezeit überwiegend Krimis und Thriller zeigen – die Faszination des Bösen garantiert eine akzeptable Zuschauerquote.
Die erfolgreichsten Computerspiele kommen ohne Kampf- und Gewaltszenen nicht aus. Im alten Rom wurde das Publikum mit blutigen Gladiatorenkämpfen fasziniert, heute faszinieren Boxen, Catchen oder Wrestling und neben dem traditionellen Stierkampf gibt es wohl illegal noch Hunde- und Hahnenkämpfe, die meist für einen der Beteiligten tödlich enden. Man mag dazu stehen oder nicht. Fakt ist, diese Dinge faszinieren.
Sicher ist, dass diese Art der Faszination in vielerlei Hinsicht verwerflich ist. Ganz sicher ist hingegen, dass sie nicht allein dafür verantwortlich gemacht werden kann, dass die Gewaltbereitschaft in der Gesellschaft zunimmt. Dafür müssen definitiv noch einige andere Auslöser in Betracht gezogen werden, die z. B. Gefühle wie Wut, Ärger oder Ängste auslösen und mit dem Gefühl der Faszination eine gefährliche Mixtur darstellen. Aber ohne Zweifel ist eine hohe Quantität, also eine große Menge wahrgenommener Gewaltszenen, bei allem Verständnis für das Streben nach Faszination, nicht hilfreich für unser Denken, zumal es ausreichend alternative Möglichkeiten für Faszinationen gibt.

Wir können sowohl von fremden als auch von unseren eigenen Gedanken in Form von wertvollen Erkenntnissen durchaus fasziniert sein. Kunst, Kultur und Musik können uns ebenso faszinieren wie sportliche Höchstleistungen.

Wie Stress entstehen könnte

Werden zu viele Informationen in zu kurzer Zeit wahrgenommen, ist das für unser schnelles Unterbewusstsein kein Problem. Es liefert seine Repräsentationen entweder direkt an das Bewusstsein oder, falls das Bewusstsein gerade beschäftigt ist, einfach direkt ins Gedächtnis.

Die gleichzeitig produzierten Begleitgefühle gelangen jedoch auf jeden Fall in das Bewusstsein, egal was es gerade tut. Wenn nun in kurzer Zeit aufgrund zu vieler Informationen vom Unterbewusstsein zu viele Gefühle produziert und in das Bewusstsein geschickt werden, passiert wie gehabt Folgendes: Der Hormonhaushalt gerät aus den Fugen. Die Homöostase schafft es nicht mehr, den Normalzustand/das Gleichgewicht wiederherzustellen.
Das Befinden des Bewusstseins wird nachhaltig gestört. Die Leistungsfähigkeit nimmt rapide ab. In dieser Verfassung kann es kaum noch klare Gedanken fassen. Das Bewusstsein kann die anstehenden Aufgaben und Problemstellungen nur noch schlampig bearbeiten, was früher oder später natürlich zu entsprechend negativem Feedback, also zu negativen Informationen mit negativen Begleitgefühlen führt. Irgendwann schätzt das Bewusstsein selbst die Lage als bedrohlich ein, was wiederum starke negative Gefühle wie Angst hervorruft. Die Negativspirale hat begonnen.

Und trotzdem kommen in dieser chaotischen Situation ständig neue Informationen inkl. der entsprechenden Begleitgefühle hinzu. Das entstehende Wirrwarr aus Informationen und Gefühlen kann vom Bewusstsein nicht mehr beherrscht werden. Dazu ist es, im Gegensatz zum Bioroboter Unterbewusstsein, einfach viel zu langsam. Logisches kritisches Denken benötigt halt seine Zeit, einfaches stereotypes Handeln geht ganz fix.
Das schnelle Unterbewusstsein registriert diese Situation des Bewusstseins selbstverständlich sofort. Aber es ist definitiv keine Hilfe, es ist außerstande zu helfen. Im Gegenteil. Es speichert das Chaos von internen Informationen und Gefühlen pflichtgemäß in hoher Frequenz im Gedächtnis ab und liefert demzufolge auch wieder chaotische Gedächtnisinhalte an das Bewusstsein. Die Negativspirale hinterlässt ein permanentes Gefühl des Überforderung. Wir werden der Fülle an Aufgaben und/ oder Gedanken nicht mehr Herr, wir haben Stress.

Für die Vermeidung von Stress gibt es folgende praktikable Lösungen:

- Abschirmen von der Flut von Informationen,
- drastische Reduzierung der Zahl der Aufgaben,
- Auszeit vom Alltag,
- neue, „wohltuende“ Informationen sammeln,
- dem Bewusstsein eine wohltuende Beschäftigung (positive Gedanken) bieten,
- alternative, positive Informationen suchen und wahrnehmen
- und lösbare Aufgaben übernehmen und sich selbst positives Feedback geben.

Keinesfalls sollte für das Bewusstsein ein „Beschäftigungsvakuum" entstehen.
Wenn das Bewusstsein nach einer Stresssituation plötzlich ohne Beschäftigung ist, wenn es sich praktisch langweilt, wird es vom Unterbewusstsein mit automatischen Gedanken „überfüttert". Es wird entweder mit stressauslösenden Informationen oder wenigstens mit Müllinformationen zugeschüttet.

Das Unterbewusstsein akzeptiert keine Pause und keine Untätigkeit, weder für sich selbst, noch für das Bewusstsein. Es schöpft aus dem mit negativen Informationen vollgestopftem Gedächtnis und nutzt jede Untätigkeit des Bewusstseins völlig emotionslos aus.

Fazit: Negativer Stress kann also am besten durch positiven Stress bekämpft werden.

Die alternativen Fakten

Das Unterbewusstsein ist der superschnelle, dienstbare Geist des langsamen aber schlauen Bewusstseins. Es hilft wo es kann und liefert dem Bewusstsein alles, was dieses zur Lösung einer Aufgabe oder beim Bewältigen von Problemen an Informationen brauchen könnte. Voraussetzung ist natürlich, dass die benötigten Informationen im Gedächtnis gespeichert sind und, dass sie vom Unterbewusstsein leicht zu finden sind. Letzteres ist allerdings nicht zwingend gegeben.
Was macht das Unterbewusstsein, wenn es im ersten Anlauf im Gedächtnis keine zur Problemlösung passenden Informationen findet?
Wenn keine passenden Informationen im Gedächtnisregal liegen, kann es auch keine finden.

Jetzt sehen beide ziemlich dumm aus. Das Bewusstsein weiß nicht weiter. Alles Grübeln nützt nix. Externe Quellen stehen gerade nicht zur Verfügung. Ärger macht sich breit.

Diesen Ärger registriert das Unterbewusstsein. Gehorsam fängt die „superschnelle Suchmaschine Unterbewusstsein“ erneut mit der Suche an und wuselt wiederholt mit wahnsinniger Eile im Gedächtnis herum. Diesmal hat es die Suchkriterien verändert bzw. erweitert. Nach dem Motto: „Was nicht passt, wird passend gemacht“ sucht das Unterbewusstsein nach Alternativen bzw. nach alternativen Fakten. Auch wenn die im wahrsten Sinn des Wortes „an den Haaren herbeigezogen“ sind, irgendeinen Zusammenhang gibt es. Solche alternative Fakten zu finden ist nicht allzu schwer, denn das Gedächtnis strotzt normalerweise nur so von Informationsmüll, der vom Bewusstsein unverarbeitet, einfach so im Gedächtnisregal herum liegt. Irgendwelche „alternativen Fakten“ findet das Unterbewusstsein also letztlich immer, und die liefert es flugs an das Bewusstsein. Jetzt hat das Bewusstsein die Qual der Wahl. Um endlich das Problem lösen zu können, wird es eine der vom Unterbewusstsein angebotenen alternativen Fakten auswählen. Auch wenn die Lösung falsch ist. Da das Bewusstsein voll davon überzeugt ist, es hätte Kraft seiner Intelligenz und seines Wissens die Aufgabe eigenständig gelöst, kommt es gar nicht auf die Idee, an der Richtigkeit seiner Lösung zu zweifeln. In der Regel bemerkt das Bewusstsein nicht oder nur sehr selten, wenn ihm das Unterbewusstsein Müll oder alternative Fakten geliefert hat. Erst wenn von extern das richtige Ergebnis mitgeteilt wird, bemerken wir (unser Bewusstsein) unseren Fehler. Da haben wir uns halt geirrt, irren ist menschlich. Stimmt, aber meistens haben wir uns gar nicht geirrt, sondern das Unterbewusstsein hat uns falsche Informationen aus dem Gedächtnis geliefert, und wir haben es nicht gemerkt.

Fazit:

Das Bewusstsein denkt sowieso, es würde alle Informationen selbst direkt wahrnehmen oder aus dem Gedächtnis herbei zaubern, weil es von den Aktivitäten des Unterbewusstseins ja nichts mitbekommt.

Dieses Verhalten des Bewusstseins nennen wir die „Ich-Illusion“. Das Bewusstsein lebt ständig in der Illusion, vollkommen eigenständig alle Aufgaben und Probleme zu lösen. Pustekuchen!

Ohne die Zuarbeit des schnellen Unterbewusstseins mit wahrgenommenen Informationen und ohne dessen Suche im Logistikzentrum Gedächtnis wäre das Bewusstsein total arbeitsunfähig.

Wenn wir also von **ich, wir** oder **uns** sprechen, ist immer nur das Bewusstsein gemeint. Unser Bewusstsein, der Bioroboter Unterbewusstsein und „sein“ Logistikzentrum Gedächtnis wohnen zwar alle im gleichen Zellhaufen, aber der gehört mitnichten **uns.**

Wir, unser Bewusstsein, wohnen nur zur Miete im Zellhaufen. Wir, unser Bewusstsein, gehören ihm. Ein menschlicher Zellhaufen, kann ohne Bewusstsein überleben. Aber wir bzw. unser Bewusstsein wären ohne Zellhaufen mausetot.

Wir, unser Bewusstsein, können unserem Vermieter Schaden zufügen, was wir auch sehr oft tun. Aber deshalb sind wir trotzdem nur schlechte Mieter, und nicht Eigentümer.

An dieser Stelle soll noch einmal erwähnt werden, dass das Unterbewusstsein neben seinen Logistikaufgaben, der Tätigkeit als Suchmaschine und als Bioroboter auch für die gesamte Organisation und Steuerung sämtlicher Körperfunktionen (Stoffwechsel, Energiezufuhr, Abfallentsorgung usw.) zuständig ist. Es sorgt also für das Überleben des Zellhaufens. Ohne die Energie, die unser Gehirn für all diese Aufgaben vom Zellhaufen abzweigt, könnte unsere Fühl- und Denkfabrik Gehirn nicht arbeiten.

Im Übrigen haben Sie sicher längst registriert, dass sich unser Sprachgebrauch voll in der „Ich-Illusion" bewegt.
Wenn wir von *„unserem Gehirn, unserem Zellhaufen, unserem Gedächtnis"* etc. sprechen, sind wir doch tatsächlich davon überzeugt, wir wären der Eigentümer unserer Fühl- und Denkfabrik und wir hätten alles im Griff. Aber Pustekuchen. Wenn wir, wenn unser Bewusstsein nichts dagegen tut, hat „unser" Unterbewusstsein uns im Griff. Doch damit nicht genug. „Unser" Unterbewusstsein überschüttet uns völlig emotionslos mit Informationen, die aktuell und/oder in der Vergangenheit wahrgenommen bzw. im Gedächtnis gespeichert wurden. Das, was wir als Charakter bzw. Persönlichkeit bezeichnen, ist in Wahrheit das Ergebnis der Verarbeitung aller jemals wahrgenommenen Informationen und deren Begleitgefühle. Die spannende Frage ist dabei, welchen Anteil an dieser Verarbeitung haben wir bzw. hat unser Bewusstsein? Wieviel vom „Ergebnis" können wir für uns (für unser Bewusstsein) reklamieren und wofür sind wir (ist unser Bewusstsein) nicht verantwortlich?
Diese Frage ist natürlich berechtigt, aber angesichts der Fülle der beteiligten Informationen kaum umfassend zu beantworten. Versuchen wir es wenigstens ein bisschen:

Was uns prägt

Fakt ist, dass die frühkindliche und die kindliche Prägung, also die Informationen aus dem unmittelbaren Umfeld während unserer Entwicklungsphase bzw. während der Organisation der Fühl- und Denkfabrik Gehirn, eine außerordentlich bedeutende Rolle für unser Fühlen, Denken und Handeln spielen.
Fakt ist aber auch, dass die Plastizität des Gehirns, also die Fähigkeit zur Veränderung und damit die Lernfähigkeit ein Leben lang erhalten bleibt.
Somit ist nichts in Beton gegossen, sondern alles eher in weniger haltbarem Gips.

Wie bereits erwähnt, steht am Anfang die frühkindliche und/oder kindliche Prägung.
Zusammen mit genetisch bedingten Veranlagungen und epigenetischen „Instinkten“ prägt das unmittelbare Umfeld mit den darin handelnden Personen, Eltern, Geschwistern, Großeltern, Freunde, Lehrer und Erzieher etc., unser Fühlen, Denken und Handeln und damit unsere Persönlichkeit. Wir können dieser Prägung nicht entgehen, es gibt definitiv kein Entrinnen. Irgendeine „Prägung“ oder „Erziehung“ findet in jedem Fall statt. Ob wir in einem christlichen, muslimischen, atheistischen, kommunistischen oder sonstigem extremen Umfeld zur Welt kommen, ist reiner Zufall, und von uns nicht zu beeinflussen.
Allerdings kommen zur frühkindlichen bzw. kindlichen Prägung später noch jede Menge weitere „Prägungen“ hinzu. Angefangen vom Einfluss eines Lebenspartners/ einer Lebenspartnerin über Freunde, Lehrer, Arbeitskollegen, Vorgesetzte im Beruf usw. bis hin zu anderen gesellschaftlichen Zwängen und „Informationen“.

Diese spätere Prägung durch ein stark verändertes Umfeld kann in Verbindung mit einem wachen Verstand durchaus zu erheblichen Veränderungen von Aspekten unserer kindlich geprägten Persönlichkeit führen.
Ein Aspekt ist vorab besonders hervorzuheben: die soziale Prägung. Damit sind all die Informationen gemeint, die Geborgenheit, Liebe und Zuneigung, Wertschätzung sowie Anstand, Moral, Ethik, Achtung vor der Natur, den Tieren und natürlich Toleranz vermitteln. Diesen Aspekt wollen wir unter dem Begriff „Herzensbildung" zusammenfassen, auch wenn es mit dem Herzen nur bedingt zu tun hat. Ganz falsch ist die Bezeichnung jedoch nicht, denn unser Herz ist ein nicht ganz unwichtiges Organ unseres Zellhaufens.

Die oben genannten „Informationen" führen zur Herstellung und Ausschüttung von Botenstoffen, die uns mit guten Gefühlen fluten. Das versetzt auch unser Herz in gute Stimmung und beschert allen Zellen unseres Körpers ein optimales Arbeitsklima. Erfolgt diese Herzensbildung während der Kindheit bis zur Pubertät nicht, ist es extrem schwer bzw. nur unter hohem Aufwand und nur innerhalb eines optimalen Umfeldes möglich, diese nachträglich noch zu vermitteln.
Zum Thema „kindliche Prägung" hat Jürgen Fuchs folgende schöne Geschichte aufgeschrieben:

Eines Tages kam Thomas Edison von der Schule nach Hause und gab seiner Mutter einen Brief. "Mein Lehrer hat gesagt, ich solle ihn nur dir zu lesen geben." Die Mutter hatte die Augen voller Tränen, als sie ihrem Kind laut vorlas: "Ihr Sohn ist ein Genie. Die Schule ist zu klein für ihn und hat keine Lehrer, die gut genug sind, ihn zu unterrichten. Bitte unterrichten Sie ihn selbst."

Viele Jahre nach dem Tod seiner Mutter, Edison war inzwischen ein berühmter Erfinder, durchsuchte er alte Familiensachen. Dabei stieß er in einer Schublade auf einen gefalteten Brief. Er öffnete ihn und las: "Ihr Sohn ist geistig behindert. Wir wollen ihn nicht mehr in unserer Schule haben." Edison brach in Tränen aus. Dann schrieb er in sein Tagebuch: "Thomas Alva Edison war ein geistig behindertes Kind. Durch eine heldenhafte Mutter wurde er zu einem großen Genie dieses Jahrhunderts."
(Quelle: Willkommen in der Gehirn-WG von Jürgen Fuchs).

So viel zur kindlichen Prägung und ihren Einfluss auf die Herausbildung einer Persönlichkeit

Die Rolle der Hormone bei der Prägung

Der Hormonhaushalt bzw. das innere Milieu unseres Körpers ist nach der Pubertät zumindest soweit fixiert, dass die Homöostase ständig damit beschäftigt ist, jede Abweichung der Botenstoffkonzentration wieder in den ursprünglichen Zustand zurückzufahren.

Die Homöostase ist eindeutig eine Aktivität unseres Unterbewusstseins. Und diesem ist völlig egal, ob eine Änderung der Botenstoffkonzentration und damit eine Änderung des Hormonhaushaltes, eher positiv oder negativ auf unseren Gefühlszustand einwirkt.

Die Homöostase versucht ständig, ein ursprünglich vorhandenes Milieu zumindest kurzzeitig wiederherzustellen, was ihm natürlich nie gelingt. Ständig pfuscht irgendeine Information dazwischen und lässt neue Botenstoffe herstellen.

Neben der frühkindlichen sozialen Prägung durch Eltern und Erzieher kommt der kindlichen Prägung innerhalb des Bildungssystems eine wesentliche Rolle zu. Leider ist die „Herzensbildung" kein Bestandteil des Lehrplanes und kommt in unseren Schulen definitiv auch kaum vor, es sei denn auf Initiative besonders guter Lehrer. Konkret bedeutet eine genetische Veranlagung (erblich - epigenetisch bedingt), dass ein ganz bestimmtes Aufkommen der verschiedenen Botenstoffe vorliegt. Jeder menschliche Zellhaufen hat seinen individuellen Hormonhaushalt.

Ebenso individuell sind die Herstellung und die Ausschüttung der Botenstoffe infolge äußerer Einflüsse (Informationen). Die Prägung durch Informationen aus dem unmittelbaren Umfeld bzw. der Einfluss der darin handelnden Personen muss also auf jedes Individuum (z. B. auf jedes Geschwisterkind) unterschiedlich sein, weil sich sowohl deren genetische Ausstattung, als auch die dadurch veranlasste Herstellung und Verteilung der jeweiligen Botenstoffe unterscheidet. Selbst eineiige Zwillinge haben keine vollkommen identische DNA und unterscheiden sich damit auch hinsichtlich ihres Hormonhaushaltes, also hinsichtlich ihrer Gefühlswelt. Bis zur Pubertät ist der Hormonhaushalt noch nicht vollständig stabilisiert und Veränderungen sind relativ leicht möglich. Ganz grob zusammengefasst sind deshalb für die frühkindliche und kindliche Prägung folgende Szenarien denkbar:

Szenario 1:

Die genetisch bedingte Veranlagung und das prägende Umfeld harmonieren miteinander. Die Harmonie des Hormonhaushaltes wird gefestigt. Beide „prägenden

Elemente“ verstärken sich gegenseitig. Im Ergebnis entsteht ein stark vom Umfeld geprägter Charakter, eine Persönlichkeit, deren Fühlen, Denken und Handeln ins Umfeld passt. Die Persönlichkeitsmerkmale tendieren nicht selten ins Extreme. Sowohl besonders unkritisches als auch besonders kritisches, sowohl tolerantes als auch intolerantes Verhalten sind möglich.

Szenario 2:
Disharmonie zwischen epigenetischer Veranlagung und Prägung (Erziehungsrichtung und/oder -methode). Hier müssen wir zwischen einer positiven und einer negativen Disharmonie unterscheiden.
Disharmonie ist in jedem Fall mit einer Veränderung des Hormonhaushaltes verbunden.
Von einer *positiven Disharmonie* sprechen wir, wenn epigenetisch bedingt bereits eine Störung im Hormonhaushalt vorliegt (zum Beispiel Hang zur Aggressivität, Brutalität etc.). Hier kann eine intensive Gegenprägung zu einer Harmonisierung des inneren Milieus beitragen. Allerdings sind Geduld und Fingerspitzengefühl gefragt und es gibt keine Erfolgsgarantie. In vielen Fällen wäre eine „rund um die Uhr-Betreuung“ (Dauergegenprägung) erforderlich, um die Symptome des epigenetisch bedingten, gestörten Hormonhaushaltes zu verringern bzw. diesen nachhaltig zu verändern.

Wenn die Gegenprägung zu früh wegfällt, können Informationen wieder ungestört den Hormonhaushalt stören und damit das Fühlen, Denken und Handeln wieder negativ beeinflussen.

Bei einer *negativen Disharmonie* liegt hingegen kein epigenetisch verursachter, gestörter Hormonhaushalt vor.

Die Störung wird vom unmittelbaren Umfeld und handelnden Personen verursacht. Je größer die negative Disharmonie und je länger dieser disharmonische Zustand anhält, umso nachhaltiger wird der Hormonhaushalt gestört und umso gestörter ist die Persönlichkeit und deren Fühlen, Denken und Handeln.

Wenn negative Informationen, Erfahrungen und Erlebnisse, verbunden mit entsprechend negativen Emotionen gehäuft auftreten und sie deshalb vom Unterbewusstsein auf die Spitzenplätze im Gedächtnis abgelegt werden, entsteht zwangsläufig wieder eine Negativspirale. Diese ähnelt einer posttraumatischen Belastungsstörung oder einer Depression. Der Überschuss bestimmter Botenstoffe kann nicht rechtzeitig vor einer erneuten Ausschüttung abgebaut werden, die Störung wird zum Dauerzustand.

Die Symptome dieser Störungen äußern sich auf vielfältige Art und Weise. Die Palette reicht von Aggressivität über Selbstverletzung bis hin zu Gefühlsarmut, Empathie-, Interessen-, Antriebslosigkeit, Melancholie u.v.a.

Szenario 3: Wechsel zwischen Harmonie und Disharmonie. Die Prägung (Erziehung) verläuft nicht kontinuierlich. Zum einen kann es zu einer grundsätzlichen Änderung kommen. Die Ursache kann ein einmaliger Umbruch sein, bei dem sich die Umgebung schlagartig verändert (z. B. Flucht oder Vertreibung infolge von Krieg etc.). Der Wegfall/Austausch von Bezugspersonen durch Trennung, Krankheit oder Tod stellt eine weitere Ursache dar.

Zum anderen wechselt die Erziehung ständig die Richtung. Heute Hüh, morgen Hot – diese Diskontinuität ist Gift für die Homöostase.

Die häufigste Ursache für das Szenario ständig wechselnder Prägungen ist in den meisten Fällen ein gestörter Hormonhaushalt der unmittelbaren Bezugspersonen bzw. Erziehungsberechtigten selbst.

Deren Persönlichkeitsmerkmale wie Unausgeglichenheit, Gefühlsarmut, Stress, Ärger, Aggressivität, krankhafte Eifersucht, Existenzangst u.v.a. werden zwangsläufig hautnah von den Kindern wahrgenommen.

Die sich permanent wiederholenden, negativen Erlebnisse wirken unmittelbar auf den Hormonhaushalt der Kinder und können im schlimmsten Fall Depressionen und/oder Autoaggressionen wie Selbstaggressionen, Selbstverletzungen u. ä. hervorrufen.

Fazit:

Die Vorgehensweise des Unterbewusstseins in all diesen Szenarien ist nahezu gleich kontraproduktiv. Die negativen Erlebnisse werden mitsamt den damit verbundenen starken Emotionen auf den Spitzenplätzen im Gedächtnis gespeichert, so dass sie beim geringsten Anlass wieder „gefunden“ und für das Bewusstsein erneut aktiviert werden. Diese permanente Aktivierung führt zu einem ständig anwachsenden Überschuss bestimmter Botenstoffe. Die Negativspirale dreht sich unaufhaltsam weiter, irgendwann kommt es dann zu dauerhaften Störungen des Hormonhaushaltes.

Die Folgen

Leichte depressive Verstimmungen bis hin zu schweren depressiven Störungen gehören zu den häufigsten psychischen Erkrankungen bei Kindern und Jugendlichen. Im Vorschulalter sind ca. 1 % der Kinder und im Grundschulalter ca. 2 % betroffen. Aktuell erkranken etwa

3-10 % aller Jugendlichen zwischen 12 und 17 Jahren an einer Depression.
(Quelle: Stiftung Deutsche Depressionshilfe)

Ärger mit den Eltern, schlechte Noten in der Schule, Verlust von Freundschaften, Unzufriedenheit mit sich und dem eigenen Körper, erster Liebeskummer: Kinder und Jugendliche haben es oft schwer. Probleme und schwierige Situationen können die Stimmung verdüstern. Das ist ganz normal. Aber Depressionen sind mehr, als nur „nicht gut drauf zu sein" oder „einen schlechten Tag zu haben": Sie können sich zu einer ernsthaften Erkrankung entwickeln.
(Quelle: Gesundheitsinformation.de)

An dieser Stelle wieder ein Zitat aus dem Buch „Schwarmdumm" von Günter Dueck:
„Was tun Eltern, deren Kind schlecht in der Schule ist? Sie sehen sich das Zeugnis an, die miesen Noten sprechen scheinbar für sich. Wenn die Noten schlecht sind, dann – so die Logik der Eltern – ist das Kind schlecht. Woran liegt es genau? Die Eltern denken meist sofort an das Nächstliegende:

- *Das Kind ist faul (dann wird es motiviert).*
- *Das Kind ist unwillig und böse (dann wird es bestraft).*
- *Das Kind ist überfordert (dann bekommt es Nachhilfe).*
- *Das Kind ist krank (es muss zum Arzt).*
- *Das Kind hat eine psychische Störung (es wird psychotherapiert oder bekommt Ritalin).*
- *Das Kind wird ungerecht behandelt (man zankt in der Schule).*

Diese Logik hat einen prinzipiellen Haken: Die Eltern sehen das Grundproblem zunächst immer im Kind oder zumindest

außerhalb der Familie. Vielleicht aber ist das Kind schlecht erzogen, die Eltern kümmern sich nicht genug um das Kind, helfen ihm nicht, schicken es auf eine ungeeignete Schule, zanken zu Hause in einer schlechten Ehe, neigen zu Alkoholismus, leben im Scheidungskrieg, behandeln es brutal oder erniedrigen es, ... lieben es nicht...
Mit einem Wort: An den Eltern liegt es nie!"

Dabei sind die Eltern in vielen Fällen das Problem und nicht die Lösung. Dies ist ein von der Gesellschaft ignoriertes, globales, und unerkanntes Problem.
Die Unfähigkeit der Eltern erzeugt eine generationsübergreifende Negativspirale.
Sowohl bei Kindern als auch bei Erwachsenen können Verhaltensauffälligkeiten in Form von Apathie, Aggression, Selbstaggression „Nervenzusammenbrüchen", Burnout, Depressionen, posttraumatischen Belastungsstörungen usw. auftreten.
Das Unterbewusstsein gefährdet mit seinen Negativspiralen auslösenden Automatismus das Wohlergehen und die Existenz der betroffenen menschlichen Zellhaufen. Leider kann es das nicht begreifen, denn es ist ein biologischer Roboter ohne Bewusstsein. Deshalb bezeichnen wir es mit Recht als *Unterbewusstsein.*
Aber - ohne diesen superschnellen Bioroboter wäre das Bewusstsein völlig hilflos und könnte weder Gedanken fassen noch Informationen bewerten oder Probleme lösen. Dem Bioroboter Unterbewusstsein ist es völlig egal, ob ein Bewusstsein aktiv ist oder nicht und ob das Denken seine Richtung einschließlich Gefühle ändert oder nicht. Es hat keine Wahl, es muss alle vom Bewusstsein erarbeiteten internen Informationen genau wie alle wahrgenommenen externen Informationen nach den Begleitgefühlen im

Gedächtnis abspeichern. Damit hat das Bewusstsein zumindest theoretisch die Möglichkeit, die „Ergebnisse" des Unterbewusstseins zu korrigieren, und zwar nachhaltig. Es hat das Potenzial, Negativspiralen zu durchbrechen und Prägungen zu verändern. Das ist natürlich alles andere als leicht. Denn Fakt ist, ohne zu wissen, wie der Bioroboter Unterbewusstsein so tickt, hat das Bewusstsein praktisch kaum eine Chance. Erst wenn es kritisches und kreatives Denken gelernt hat und beherrscht, kann es Strategien entwickeln, wie es den „Bioroboter" zum Vorteil des Zellhaufens einsetzen kann.

Solang es von nix eine Ahnung hat, hilft alles Denken nicht weiter. Die negativen Informationen „beherrschen" den Bioroboter Unterbewusstsein und gegen beide zusammen hat das Bewusstsein nur geringe Chancen.

Fazit:
Das Unwissen über die Vorgänge in unserer Fühl- und Denkfabrik Gehirn und das daraus resultierende Unvermögen unseres Bewusstseins, mit kritischem Denken die vom Unterbewusstsein losgetretene Negativspirale zu durchbrechen oder zu stoppen, ist eines der Grundprobleme der Menschen.

Warum die Negativspirale fast immer gewinnt

Wir haben nun mehrfach die Entstehung und Aktivierung der Negativspirale durch bedrohliche Informationen und das Agieren des Bioroboters Unterbewusstsein geschildert und die Folgen für unser Fühlen, Denken und Handeln erläutert. Es stellt sich die Frage, gibt es denn auch eine „Positivspirale"? Wo Schatten ist, muss schließlich auch Licht sein. Das Unterbewusstsein müsste doch rein theoretisch zur Abwechslung auch mal eine Positivspirale hervorbringen können, oder? Schließlich kann das Unterbewusstsein gut oder böse, richtig oder falsch, negativ oder positiv nicht unterscheiden. Es sollte ihm deshalb völlig wurscht sein, welche Spirale es erzeugt.

Entscheidend für die Richtung ist einzig und allein die Intensität der Gefühle, die mit den jeweiligen Informationen einhergehen.

Zur Erinnerung: Das Unterbewusstsein erzeugt die zur wahrgenommenen Information passenden Begleitgefühle. Dabei produziert es bei bedrohlichen Nachrichten (= negative Informationen) stärkere Gefühle als bei guten Nachrichten (= positive Informationen).

Dieser evolutionäre „Automatismus" diente letztendlich dem Überleben eines Zellhaufens.

Für dieses Überleben war es allemal wichtiger, auf eine eventuelle Bedrohung zu reagieren, als sich auf die faule Haut in die Sonne zu legen.

Indem das Unterbewusstsein die Regalplätze im Gedächtnis nach der Intensität der Gefühle auswählt, bekommen die bedrohlichen, negativen Informationen mit den starken Gefühlen automatisch die besten Plätze. Damit greift das Unterbewusstsein ebenso automatisch beim geringsten Anlass auf diese bedrohlichen, negativen Informationen im Gedächtnis zurück und setzt so die Negativspirale in Gang.

Was im täglichen Kampf ums Überleben gut und wichtig war, ist im Zeitalter der Informationsgesellschaft schlichtweg fehl am Platze. Wir kämpfen nicht ums tägliche Überleben, sondern wir kämpfen täglich gegen eine Flut von Informationen.

Der Automatismus unseres Unterbewusstseins, negative Informationen zu überbewerten, führt zu den völlig kontraproduktiv wirkenden Negativspiralen, während die positiven Informationen aufgrund ihrer vergleichsweise „schwachen“ Begleitgefühle auf den hinteren Regalplätzen im Gedächtnis vergammeln.

Wie wir eine Positivspirale erzeugen können

Normalerweise wird die Quintessenz aus dem Wissen um

- die Macht der bedrohlichen Informationen,
- die Intensität ihrer Begleitgefühle und
- die dadurch zwangsläufig entstehenden Negativspiralen

zwangsläufig wieder als eine negative Information wahrgenommen. Sie erzeugt z. B. Gefühle der Ohnmacht und der Resignation, zumindest aber erzeugt sie schlechte Stimmung.

In unserer Informationsgesellschaft beherrschen überwiegend bedrohliche, zumindest aber negative Informationen das Geschehen.

Wer sich umfassend informieren möchte, wird also zwangsläufig mit negativen bedrohlichen Informationen konfrontiert.

Was ist also zu tun?

Sprichwörtlich: „die Wahrnehmung ausschalten und das Gehirn (die Abteilung Bewusstsein) einschalten“. Das bedeutet konkret:

- Wahrnehmungen negativer Informationen reduzieren
- das Bewusstsein aktivieren = denken.
- das nunmehr bekannte Verhalten des Unterbewusstseins analysieren = denken.
- daraus kreative Gedanken entwickeln und logische Schlüsse ziehen = denken,

z. B. welchen Part der Negativspirale können wir (kann unser Bewusstsein) beeinflussen?

Analyse:

Die Aktivitäten unseres „Bioroboterunterbewusstseins" aufgrund der Wahrnehmung externer Informationen können wir definitiv nicht beeinflussen, sondern maximal reduzieren.

Wir wissen, dass negative Informationen automatisch negative Gefühle in uns hervorrufen. Wir wissen aber auch, dass positive Informationen positive Gefühle auslösen würden. Warum drehen wir „den Spieß nicht einfach um?"

Was wäre, wenn wir anstelle der externen bedrohlichen, negativen Informationen unsere Sinnesorgane mit jeder Menge externer positiver Informationen überschütten?

Was wäre, wenn wir (unser Bewusstsein) mutwillig bzw. mit voller Absicht positiv „herumdenken", damit positive interne Informationen produzieren und damit eine Art mentales Selbstdoping durchführen ?

Unser Bioroboter Unterbewusstsein ***muss*** diese positiven Informationen wahrnehmen und speichern, das ist sein Job! Schließlich können wir aktiv beliebig viele positive Informationen „herbeisuchen", die dann wahrgenommen werden müssen. Und was wahrgenommen wurde, wird automatisch vom Unterbewusstsein „verarbeitet". Dadurch werden ggf. negative Informationen von den vorderen Plätzen verdrängt.

Unserem Bioroboter Unterbewusstsein ist das ja völlig wurscht, Hauptsache die Begleitgefühle sind stark genug.

Und was waren jetzt nochmal positive Informationen?

Das kann Musik sein, das kann ein Film sein, ein Theaterstück, das kann Natur pur sein, das können Erlebnisse, Erfahrungen oder Erkenntnisse sein. Es gilt der

alte Bibelspruch: *Wer suchet, der findet,* was oder wen auch immer.
Es kann also nicht so schwer sein, irgendwelche positiven Informationen zu finden.
Bleibt nur noch das Problem der starken Begleitgefühle zu lösen. Diese sind ja bekanntermaßen bei bedrohlichen, negativen Informationen deutlich intensiver als bei unseren positiven Suchergebnissen. Können wir da was drehen?
Jawohl, das können wir, und es ist gar nicht so schwer! Hier einige Beispiele:

1. Wir gaukeln dem Unterbewusstsein einfach gute Gefühle mit hoher Intensität vor, und zwar kraft unserer Gedanken. Das Unterbewusstsein beobachtet ja jede Regung in unserem Bewusstsein und speichert jeden Gedanken nach Gefühlsintensität im Gedächtnisregal ab. Wenn wir also intensiv an etwas Schönes denken (Begegnungen, Urlaub, Erlebnisse, Erfolge usw.) und uns lang genug und so intensiv wie nur möglich hinein steigern, bleibt unserem Unterbewusstsein letztlich keine Wahl. Es muss diese positiven Gedanken erneut speichern, und zwar ziemlich weit vorn im Regal.

2. Wir produzieren gute Gefühle und steigern deren Intensität. Es ist wissenschaftlich nachgewiesen, dass ein *„sich selbst im Spiegel anlächeln"* schon positive Gefühle verursacht. Schließlich muss unser Unterbewusstsein das Lächeln doppelt wahrnehmen, nämlich intern und extern. Zum einen bekommt es das Lächeln direkt vom Bewusstsein (intern), zum anderen nehmen unsere Augen das Spiegelbild (Lächeln) wahr (extern) und das Unterbewusstsein muss es ver-

arbeiten und speichern. Lächeln erzwingt praktisch gute Gefühle. Unser Unterbewusstsein kann nicht unterscheiden, ob das Lächeln echt ist oder gespielt. Ebenso funktioniert lautes Lachen, wenn möglich auch vor dem Spiegel. Da kommen unsere Ohren zusätzlich ins Spiel.

Lachen ist eine der besten Möglichkeiten, mit der Wahrnehmung von Stress umzugehen, Widerstandsfähigkeit zu entwickeln und die psychologische Stabilität zu verbessern, da es stark mit Glück korreliert. Die Medizin hat diesen Effekt längst erkannt. So kommt es, dass mit der Behandlungsform der Lachtherapie bereits neue Konzepte etabliert wurden. (Quelle: https://www.nia-health.de/Lachtherapie).

Für den Bioroboter Unterbewusstsein ist die Verarbeitung von Wahrnehmungen eine Pflichtaufgabe. Sie zu beurteilen oder gar kritisch zu hinterfragen gehört nicht zu seinen Fähigkeiten.

3. Auch das Anhören von Livekonzerten unserer Lieblings-interpreten, gerne auch Hören und Sehen, gehört zum mentalen Selbstdoping.
   Mit *Trick17* verstärken wir unser Selbstdoping ebenfalls: Wir brennen uns eine ganze CD mit minutenlangem, tosendem Applaus oder hören z. B. auf YouTube „Applause Sounds". Dann tun wir irgendetwas. Egal, ob wir das gerne tun (z. B. Duschen oder Kaffee kochen) oder nicht (z. B. Staubsaugen oder Bügeln).
   Wenn wir mit unserer Aufgabe fertig sind, belohnen wir uns anschließend mit diesem minutenlangen,

lautstarken, tosendem Applaus und grinsen uns dazu im Spiegel selbst an.
Dieser Applaus ist eine durchweg positive Information, die definitiv starke positive Gefühle verursachen muss. Das klingt nicht nur verrückt, das ist auch ein bisschen verrückt. Aber es funktioniert.
Denn dem Unterbewusstsein ist es vollkommen gleich, warum und woher es welche Informationen bekommt. Hauptsache sie taugen für starke Gefühle, dann ist einer der vorderen Regalplätze wieder so gut wie sicher.
Auch wenn wir uns ob dieser Aktion anschließend über uns selbst kaputtlachen, die Wirkung ist garantiert.

Fazit:
Unserer Kreativität und Erfindungsreichtum sind beim *mentalen Selbstdoping* keine Grenzen gesetzt, wenn es darum geht, das Unterbewusstsein mit positiven *„Fake-Informationen“* zu berieseln. Es ist alles erlaubt, was das Unterbewusstsein dazu bringt, starke, positive Gefühle zu erzeugen. Das Unterbewusstsein ist ein biologischer Roboter, der fragt nicht, woher die positiven Informationen kommen. Hauptsache sie taugen für starke positive Gefühle.
Wenn die böse Welt unserem Unterbewusstsein keine positiven Informationen anbietet, dann erzeugen wir eben selbst welche. Je intensiver wir dabei die Gefühle verstärken und je häufiger wir das tun, umso größer ist die Wirkung. Diese Form des Dopings ist erlaubt! Nichts ist unmöglich!
All diese Maßnahmen funktionieren jedoch nur, wenn wir parallel dazu die Wahrnehmung bedrohlicher und

negativer Informationen vermeiden oder wenigstens reduzieren.
Mit ein bisschen positiv denken und sich die Welt schön reden allein ist kein Blumentopf zu gewinnen.
Unser Bewusstsein allein hat das Potenzial, den Bioroboter Unterbewusstsein mit seinen eigenen Waffen zu bekämpfen bzw. ihn so zu manipulieren, dass seine Aktionen nicht gegen, sondern für das Wohl unseres Zellhaufens gerichtet sind. Das Bewusstsein muss um die Abläufe im Bioroboter Unterbewusstsein Bescheid wissen Es muss kritisches Denken erlernen, und dieses Lernen darf nie aufhören. Ebenso das tägliche Denktraining.

„Use it or loose it" – benutze es oder verliere es. Was nicht benutzt wird, verkümmert.

Das gilt für sowohl für unsere Muskeln als auch für unsere Neuronen-Netzwerke in unserer Fühl- und Denkfabrik Gehirn, in denen das Denken stattfindet.

Die Macht der Musik

Musik ist ohne Zweifel „Balsam für die Seele". Jedenfalls gilt das für die meisten Genres von Musik, Ausnahmen bestätigen die Regel. Offensichtlich besteht zwischen der Wahrnehmung bestimmter Harmonien und Rhythmen und dem Hormonhaushalt, also der Harmonie der Botenstoffe ein Zusammenhang.
Musik verändert den Herzschlag, den Blutdruck, die Atemfrequenz und die Muskelspannung des Menschen. Und sie beeinflusst den Hormonhaushalt. Die Klänge wirken vor allem auf Nebenniere und Hypophyse. Je nach Art der Musik werden verschiedene Hormone abgegeben – Adrenalin bei schneller und aggressiver Musik,

Noradrenalin bei sanften und ruhigen Klängen. Letztere können so zum Beispiel die Ausschüttung von Stresshormonen verringern und die Konzentration von schmerzkontrollierenden Betaendorphinen im Körper erhöhen.

Musik kann so tatsächlich Schmerzen dämpfen. Folgerichtig wird sie deshalb heute schon in der Medizin in den verschiedensten Bereichen therapeutisch eingesetzt. Vor allem in der Psychiatrie und in der Schmerztherapie leistet sie nützliche Dienste.

Musik stellt für das Gehirn eine große Herausforderung dar, sie könnte auch einen Trainingseffekt für die Gedächtnisleistung haben. Das liegt unter anderem daran, dass Musik aus einer Fülle von gleichzeitig dargebotenen Informationen besteht.

Das Gehirn muss etwa Tonhöhen und Melodien erkennen und sie miteinander vergleichen. Außerdem muss es die zeitliche Abfolge der Töne erfassen. Daraus ergeben sich nämlich Takte und Rhythmen. Gleichzeitig ankommende Töne muss es zu Akkorden sortieren. Dann sind da noch die Position und die Art der Schallquelle: Wer Musik hört, weiß ja in der Regel, ob da gerade ein Schlagzeug oder ein Klavier spielt, und wo es im Raum steht.

Auch das muss das Gehirn natürlich erst einmal durch eine Fülle von Messungen und Vergleichen feststellen. Einige diese Aufgaben teilen sich die linke und die rechte Gehirnhälfte. Bei Profimusikern ist diese Aufteilung übrigens oft genau anders herum – warum, weiß man noch nicht.

Musikergehirne unterscheiden sich auch sonst von den Gehirnen nicht musizierender Menschen. Bei ihnen sind die Bereiche besonders stark ausgebildet, die die Aktivitäten

der Hände mit denen des Hörens und Analysierens verknüpfen.
Und das wiederum zeigt, dass die Aktivitäten beim Musizieren, aber auch die beim Musikhören, das Gehirn bleibend verändern. Alle Neuverschaltungen, die zwischen den Nervenzellen im Gehirn durch Musik entstehen, bleiben dem Menschen auch erhalten.
(Quelle: planet- wissen.de)

Evolutionäre Fehlleistungen

Ursprünglich war es eine überlebenswichtige Strategie des Bioroboters Unterbewusstsein, bedrohliche Informationen mit starken, negativen Gefühlen in jeder Situation zu bevorzugen und damit Negativspiralen in Gang zu setzen. Seit der Einführung der Fähigkeit Denken wirken eben diese Aktionen kontraproduktiv und schaden dem Zellhaufen mehr als sie ihm nützen. Allerdings können wir auf die anderen Fähigkeiten eben dieses Bioroboters nicht verzichten, es ist unmöglich, ihn „umzuprogrammieren“.

Das Ergebnis der Aktivitäten des Unterbewusstseins ist im Prinzip immer das gleiche: Emotionsgeladene Negativinformationen werden auch aus nichtigen Anlässen bevorzugt „aufgefunden“ und ins Bewusstsein gerückt. Dort werden sie zu negativen Gedanken verarbeitet und anschließend vom Bioroboter Unterbewusstsein wieder auf die „vorderen“ Plätze ins Gedächtnis gepackt. Damit setzt das Unterbewusstsein eine Negativspirale in Gang, die zu neurologischen Störungen und/oder zu Verhaltensauffälligkeiten führen kann. Diese vom Unterbewusstsein auf diese Weise „antrainierten“ Verhaltensauffälligkeiten begleiten den menschlichen

Zellhaufen meist ein Leben lang, mal mehr, mal weniger, je nach Informationslage (Umgebungseinflüsse).

Sind derartige Persönlichkeitsstörungen, besser neurologische Störungen, erst einmal manifestiert bzw. gefestigt, sind sie ohne fremde Hilfe kaum zu überwinden. Das Problem besteht darin, dass viele gestörte Menschen gelernt haben, die Symptome ihrer Störung so zu verstecken, dass die erweiterte Umgebung wie Nachbarn, Arbeitskollegen, Verwandte etc. nichts davon bemerken. Die unmittelbare Umgebung (Partner, Kinder) bekommen dafür die volle Ladung, angefangen von schlechter Laune bis hin zu häuslicher Gewalt.

Häusliche Gewalt beginnt nicht erst mit Schlägen. Auch Bedrohungen, Beschimpfungen, Belästigungen und Kontrolle durch den Partner oder die Partnerin sind Formen von Gewalt. Sie kann Menschen aller sozialen Schichten und jeden Alters treffen: Zuhause, in der Öffentlichkeit, am Arbeitsplatz oder online. Betroffen von sogenannter Partnerschaftsgewalt sind vor allem Frauen, aber auch Männer. In Deutschland wird jede dritte Frau mindestens einmal in ihrem Leben Opfer von physischer und/oder sexualisierter Gewalt; etwa jede vierte Frau wird mindestens einmal Opfer körperlicher oder sexualisierter Gewalt durch ihren aktuellen oder durch ihren früheren Partner. (Quelle: BMFSFJ.de vom 21.12.2021)

Die bei einem einzelnen menschlichen Zellhaufen vom Unterbewusstsein hervorgerufene Negativspirale hat somit katastrophale Folgen für die Umgebung/Familie des Betroffenen, für den Betroffenen selbst und letztlich für die gesamte menschliche Gemeinschaft.

Hat eine negative kindliche Prägung einmal zu Störungen der Persönlichkeitsmerkmale eines menschlichen Zellhaufens geführt und wird diese nicht behandelt, so führt diese Störung im ungünstigsten Fall über Generationen hinweg immer wieder zu negativen Prägungen und damit verbundenen Störungen im Fühlen und Denken. Das können wir als generationsübergreifende Negativspirale bezeichnen. Die Persönlichkeitsstörungen „vermehren" sich wie die Kaninchen in Australien.
Dort schädigen die eingeschleppten „europäischen" Kaninchen die Wirtschaft und die Umwelt enorm. Eine Bekämpfung ist bisher an der grenzenlosen Vermehrungsfreudigkeit gescheitert.
Ähnlich erfolglos gestaltet sich der Kampf gegen Persönlichkeitsstörungen, wobei von Kampf keine Rede sein kann. Bisher werden nur die Symptome bekämpft, während die Ursachen unbehelligt weiter wirken können.

Häusliche Gewalt nimmt deutschlandweit immer weiter zu. Bundeskriminalamt und Beratungsstellen gehen von einer hohen Dunkelziffer aus und warnen davor, dass die Corona-Pandemie die Situation in vielen Familien verschärft.
In 82 Prozent der Fälle sind Frauen von Partnerschaftsgewalt betroffen. Doch nicht allein - bei Gewalt in Familien leiden auch immer die Kinder. Von häuslicher Gewalt betroffen seien häufig ganze Familiengenerationen. Psychische Gewalt sei dabei "mindestens genauso belastend" wie physische Gewalt.
(Quelle: Torben Lehning, MDR SACHSEN Stand: 30. Mai 2021).

Fazit:
Obwohl wir in einem vermeintlich menschenfreundlichen Gesellschaftssystem (Demokratie) leben, mit einem vermeintlich hervorragendem Gesundheitssystem, einem vermeintlich hohem Wohlstandsniveau und auch einem vermeintlich hohen Grad an Bildung, nehmen die Persönlichkeitsstörungen in allen gesellschaftlichen Schichten dramatisch zu. Warum?

Ursachenforschung
In allen Medien, egal ob Presse, Radio, Fernsehen oder Internet, ob privat, öffentlich-rechtlich oder in den sozialen Medien, es überwiegen negative oder bedrohliche Informationen. Ob uns bzw. unserem Bewusstsein das passt oder nicht, unser Bioroboter Unterbewusstsein verarbeitet ALLE Informationen, die es von den Sinnesorganen kriegen kann. Und er bastelt zu jeder Bedrohung oder negativen Info auch die damit verbundenen starken, negativen Gefühle wie z.B. Angst, Unzufriedenheit, Machtlosigkeit, Wut etc.
Damit nicht genug - hinzu kommen jede Menge Alltagskonflikte im Beruf, Familie, Schule usw. Auch hier wird unser Bioroboter aktiv.
Er erzeugt die passenden negativen Gefühle und speichert danach alle Informationen im Gedächtnis. Das Gedächtnis ist aber bereits randvoll mit negativen Informationen, die ohnehin Persönlichkeits-störungen verursachen könnten. Parallel dazu liefert unser Bioroboter zusätzlich noch jede Menge negativer Informationen an unser Bewusstsein. Die damit verbundenen Unmengen negativer Gefühle beeinträchtigen das Denkvermögen des Bewusstseins, denn das Bewusstsein erlebt alle Gefühle hautnah mit, auch wenn es die Ursachen nicht kennt. Da unser

Bioroboter Unterbewusstsein das Bewusstsein regelrecht mit negativen Gefühlen flutet und mit negativen Informationen vollstopft, fasst dieses nun auch selbst nur noch negative Gedanken.
Diese Gedanken (interne Informationen) verfrachtet der Bioroboter wieder ins Gedächtnis usw.
Am Ende der Spirale stehen Gefühle wie zügelloser Hass, Brutalität, Neid, Mobbing etc., die jeden Anflug von Mitgefühl oder Vernunft im Keim ersticken.
Respektlosigkeit und Verunglimpfungen bis hin zu Morddrohungen im Netz und auf der Straße nehmen teils drastische Formen an.
Nicht zu vergessen ist die Gruppendynamik, die durch die Ansammlung Gleichgesinnter einsetzt. Jeder aktive Teilnehmer ist für jeden anderen eine potentielle Informationsquelle, deren Inhalt die vorhandenen negativen Informationen bestätigt und die negativen Gefühle verstärkt. Leider ist der erreichte Gefühlszustand des Bewusstseins am Ende der Negativspirale in vielen Fällen nahezu irreversibel, also unumkehrbar.
Selbst wenn neutrale oder positive Informationen, die zufällig zwischen den Massen an negativen Informationen wahrgenommen und verarbeitet werden, von unserem Unterbewusstsein in Form von Repräsentationen an das Bewusstsein geliefert werden - dort angekommen ertrinken sie leider im Meer der bereits manifestierten, negativen Gefühle aus Wut, Hass, Groll, Zorn, Unzufriedenheit, Empörung, Unmut, Feindschaft. Das Schlimme daran ist, dass aus dieser Gemengelage heraus Gedanken gefasst und Handlungen initiiert werden, die niemand braucht.

Es entstehen unberechenbare Gefühls-zustände und wirre Gedanken, die sich über längere Zeiträume manifestieren, und in deren Folge sowohl Amoktaten als auch erweiterte Suizide vorkommen können!

Unberechenbare Gefühlszustände:
Die gängigen Bezeichnungen dafür sind ***Fanatismus*** *(rigoroses, unduldsames Eintreten für eine Sache oder Idee als Ziel, das kompromisslos durchzusetzen versucht wird) und* ***Monomanie*** *(krankhaftes Besessen sein von einer Wahn- oder Zwangsvorstellung).*
(Quelle: Oxford Languages).

Frage: Kann ein Bewusstsein, welches unter dem Einfluss erdrückender negativer Gefühle steht und dessen Gedächtnis vollgestopft ist mit einer Unmenge negativer, teils bedrohlicher Informationen, überhaupt einen oder womöglich gar mehrere positive Gedanken fassen?
Antwort: Praktisch ist das fast unmöglich. Theoretisch gilt allerdings auch hier: Nichts ist unmöglich! Wir sollten es auf jeden Fall versuchen.

Verschwörungsmythen

Die Information, dass das Gras grün ist, richtet weder Schaden an, noch kreiert sie bei einem Menschen Gedanken für eine Handlung, es sei denn, der Mensch hält Tiere, die gerne grünes Gras fressen.
Die Information, dass das Corona Virus in einem chinesischen oder einem von Bill Gates finanzierten Labor erzeugt worden sei und das ganze Teil einer Welt-verschwörung der Reichen und Mächtigen sei, ist da schon wirkungsvoller. Aber es geht noch weit „bedrohlicher“:

Anhänger der Adrenochrom-Verschwörung behaupten, dass satanische Sekten Kinder entführen und diese foltern, um Adrenalin aus dem Blut der Kinder zu gewinnen. Getrunken soll das Stoff-wechselprodukt dabei helfen, den menschlichen Alterungsprozess zu verlangsamen.

Die Theorien stehen in Bezug zu den Verschwörungstheorien um „QAnon".

Was bedeutet „QAnon"?

Der anonyme Benutzer Q erschien im Oktober 2017 auf dem Imageboard 4chan und behauptete dort wie etliche andere zuvor, er besitze einen besonderen Zugang zur Regierung. Denn „Q" oder auch Q-Clearance bezeichnet in den Vereinigten Staaten die höchste Stufe der Zugriffsberechtigung für Mitarbeiter von Sicherheitsbehörden auf brisantes oder geheimes Material. Die nächstniedrigere Stufe wird mit Top-Secret bezeichnet. „Anon" wiederum ist das Kürzel für „anonym", weil Benutzer sich auf 4chan nicht registrieren lassen müssen, so auch Q. Daneben wiederholt und modifiziert Q bekannte Verschwörungs-theorien anderer Urheber:

- *Der Bankier J. P. Morgan habe 1912 die Titanic versenken lassen, um Konkurrenten aus dem Bankengewerbe aus dem Weg zu räumen und die Kontrolle über die US-Notenbank FED zu erlangen.*
- *Massaker wie das Schulmassaker von Parkland hätten nicht stattgefunden, sondern seien mit Schauspielern inszeniert worden, um einen Vorwand zur Einschränkung des Waffenbesitzes zu erhalten und die Bevölkerung zu entwaffnen.*
- *Bundeskanzlerin Angela Merkel sei mit Adolf Hitler verwandt: „Folge der Blutlinie." Hitler sei wiederum nur eine Marionette derselben Mächte gewesen, die heute die Weltverschwörung anführten.*

- *Am angeblichen „Deep State" sei die „globale Bankenelite" beteiligt. Dies gilt in der Forschung als Codewort für Juden.* Quelle: Wikipedia

Man sollte meinen, dass solche und andere abstruse Lügen (Falschinformationen) für Menschen im 21. Jahrhundert ohne Folgen bleiben. Aber, wie wir anhand der Spezies der QAnon-Anhänger, der Querdenker- und der Reichsbürgerbewegung beobachten müssen - leider nicht!
Was geht vor in der Fühl- und Denkfabrik dieser Spezies?
Wir können anhand unserer Hypothese nur mutmaßen:
Fakt ist ja, dass unser Bioroboter Unterbewusstsein stur seinen Job macht und für Inhalte nicht verantwortlich gemacht werden kann.
Fakt ist auch, dass die Informationen in Form von abstrusen Verschwörungsmythen nahezu von allen einigermaßen informierten Zellhaufen wahrgenommen und von den jeweiligen Biorobotern verarbeitet werden.
Und Fakt ist auch, dass alle Zellhaufen ein Bewusstsein besitzen, welches sich auch alternative Informationen beschaffen und Mythen kritisch hinterfragen kann.
Zack, schon sind wir wieder bei dem bedeutungsvollen Wörtchen „kann", was hier leider so viel bedeutet wie „muss nicht".
Frage: Warum werden dann (zum Glück) nur eine überschaubare Zahl von menschlichen Zellhaufen zu fanatischen Anhängern dieser Bewegungen?
Antwort: Wir wissen es nicht! Dummheit ist nicht erklärbar. Wir können nur mutmaßen, dass ein Gemenge aus genetischer Veranlagung, epigenetischen Faktoren, kindlicher Prägung, sozialen Prägungen und fehlender Herzensbildung zu derart abstrusen Persönlichkeitsmerkmalen führen kann.

Deren „Besitzer“ sind unfähig, abstruse Informationen als solche zu erkennen und zu bewerten oder zu entlarven. Hier haben die Desinformationen (Lügen, Falschmeldungen, Fehlinformationen) leichtes Spiel.

Im engeren Sinne bezeichnet Dummheit die mangelhafte Fähigkeit, aus Wahrnehmungen angemessene Schlüsse zu ziehen bzw. zu lernen. Dieser Mangel beruhe

- *teils auf Unkenntnis von Tatsachen, die zur Bildung eines Urteils erforderlich sind,*
- *teils auf mangelhafter Intelligenz oder Schulung des Geistes oder*
- *auf einer gewissen Trägheit und Schwerfälligkeit im Auffassungsvermögen beziehungsweise*
- *der Langsamkeit bei der Kombination der zur Verfügung stehenden Fakten.*

In diesem Sinne nennt Kant den ***„Mangel an Urteilskraft“*** *als* ***„das, was man Dummheit nennt“****, und postuliert, dass* ***„einem solchen Gebrechen … gar nicht abzuhelfen“*** *sei. Weitere Ursachen liegen im emotionalen Bereich (emotionaler Widerstand gegen Einsichten, Abhängigkeit von Meinungsbildnern) und in der Indoktrination und Manipulation durch andere*. Quelle: Wikipedia

Frage: Warum ist die Mehrheit der menschlichen Zellhaufen offensichtlich immun gegen diese Informationen?
Antwort: Dass die Mehrheit der menschlichen Zellhaufen immun gegen diese Verschwörungsmythen zu sein scheint, hat leider gar nichts zu bedeuten. Wenn menschliche Zellhaufen nicht an Verschwörungsmythen glauben, dann glauben sie eben an irgendetwas anderes.

Dieses Verhalten, an Dinge zu glauben, die nicht bewiesen werden können, bezeichnen wir als Maladaption, was so viel bedeutet wie Fehlanpassung.

Auch kognitive Programme wie Weltanschauungen und Religionen könnten als „maladaptive Programme" wirken und so die kluge Bewältigung der realen Anforderungen behindern, so James Welles (1988) in seiner anthropologisch-kulturgeschichtlichen Analyse, die auch Akte politischer Dummheit (Kreuzzüge, Schweinebucht-Invasion) einschließe. (Maladaption: Fehlanpassung) Quelle: Wikipedia)

So gesehen spielt „Glaube" eine große, wenn nicht die entscheidende Rolle hinsichtlich des Fühlens, Denkens und Handelns von uns menschlichen Zellhaufen. Offensichtlich müssen wir auf Teufel komm raus unbedingt immer an irgendetwas glauben. Auf keinem Gebiet sind wir derart kreativ. Wir glauben an Götter, an den Teufel, an Engel, an Politiker bzw. an politische Überzeugungen, an Gerechtigkeit, an die Macht, an die Vernunft, an das Gute im Menschen, an Idole, an Perfektion, an Fake News, an „alternative Fakten", an Werbeversprechen, an Wahlversprechen, an die Medien und an die Liebe. Kurz, es gibt nichts, woran man nicht glauben kann.
Wen wundert's da, dass sich immer wieder Irrtümer oder eben Fehlanpassungen (Maladaptionen) beim Glauben einschleichen? Wir (unser Bewusstsein) wären gut beraten, in ALLEN Glaubensfragen etwas mehr Skepsis walten zu lassen und mehr kritisch zu denken. Spätestens hier kommt das Wissen ins Spiel:
Glaube ersetzt Wissen, wenn dieses nicht vorhanden ist. Und Wissen könnte Glauben ersetzen, wenn es denn vorhanden wäre und begriffen worden wäre!

Und zack sind wir wieder bei den Informationen mit all ihren Facetten. *Wissen oder Kenntnisse* kommen durch die Wahrnehmung von Informationen in unsere Fühl- und Denkfabrik, wo sie dann verarbeitet werden. Das Unterbewusstsein erstellt die Repräsentationen und veranlasst die Begleitgefühle, wonach die Repräsentationen im Gedächtnis platziert werden. Alles bis dahin recht unspektakulär. Den Knaller bietet das Bewusstsein. Das Bewusstsein kann die Repräsentationen der Informationen überdenken, kritisch bewerten und bestenfalls verstehen und begreifen. Es kann es können, muss es aber nicht können. Nur „verstandenes Wissen" ist „richtiges Wissen". Alles andere ist Chauffeurwissen, und das hilft nur begrenzt weiter. Die Bezeichnung Chauffeurwissen geht auf eine Episode um den deutschen Physiker Max Planck zurück:

„Wo immer Max Planck eingeladen war, hielt er denselben Vortrag zur Quantenmechanik. Irgendwann kannte ihn sogar sein Chauffeur auswendig. Der bot ihm an, den Vortrag für ihn zu halten, während Max Planck im Publikum sitzen könne – mit Chauffeurmütze natürlich. Um die Langeweile im Leben beider zu unterbrechen, sagte er. Es wäre überdies schön, wenn Max Planck auch mal das Fahren übernehmen könne. So sprach der Chauffeur über Quantenmechanik, perfekt, wie Max Planck selbst. Es gab Applaus. Dann kam die erste Frage. Der Chauffeur konnte sie natürlich nicht beantworten. Was tat er: Er entgegnete gelassen, dass er so eine simple Frage hier nicht erwartet habe. Doch da sitze sein Chauffeur, er werde ihn bitten zu antworten. (Quelle: Text: Strategisches Storytelling; Inhalt: „Die Kunst des klaren Denkens" von Rolf Dobelli).

Fazit: Der Glaube, bestimmte Dinge zu wissen, hat mit „verstandenem Wissen“ nichts zu tun. Wer etwas „begriffen“ hat, der muss es nicht glauben, der weiß es einfach.

Der Verstand bezeichnet die Fähigkeit, das geistig Erkennbare im Gegensatz zum sinnlich Wahrnehmbaren zu erfassen, zu verstehen, und zu begreifen.
(Quelle: https://www.philomag.de).

Es hängt also wieder einmal alles am Bewusstsein bzw. seinen Fähigkeiten, die es erlernen und permanent trainieren muss.

Hat das Bewusstsein nix gelernt bzw. ist es nicht ausreichend trainiert, dann wird das Wissen eben gespeichert, ohne dass irgendetwas begriffen wurde, schade. Der Clou: Ein faules, unfähiges Bewusstsein ist sich dieser Tatsache nicht bewusst. Es denkt, mit dem Speichern des Wissens wäre der Job erledigt und alle sind zufrieden. Erst wenn das Wissen gebraucht bzw. abgefragt wird, kommt das große Erwachen. Merke: Nicht jeder „Chauffeur“ hat seinen Max Planck im Publikum sitzen.

Unsere Bildungssysteme unterstützen das Chauffeur-wissen. Prüfungen, in denen „nur“ Wissen abgefragt wird, führen dazu, dass auswendig gelernt wird, ohne zu verstehen. Nach der Prüfung ist vor der Prüfung. Das Wissen kann nicht angewendet werden, weil es nicht verstanden wurde.

Doch zurück zu unseren Verschwörungsanhängern.
Hat das UBWS die bedrohlichen Verschwörungsmythen aufgrund der intensiven Angst-Begleitgefühle erstmal auf den vorderen Plätzen im Gedächtnis festgenagelt, werden

alle anderslautenden, vernünftigen Informationen vom Unterbewusstsein aufgrund der vergleichsweise schwachen Begleitgefühle ignoriert oder in die hintersten Winkel des Gedächtnisses auf Nimmerwiedersehen verramscht.

Das Bewusstsein wird von den Verschwörungsmythen inkl. Begleitgefühlen dauerhaft überschwemmt. Selbst wenn positive Informationen den Zutritt zum Bewusstsein schaffen, den starken Angstgefühlen der Verschwörungsmythen haben die mit realen Informationen verbundenen, schwachen, positiven Gefühle nichts entgegen zu setzen.

Die Negativspirale ist bereits voll im Gange. Gleichgesinnte Verschwörungsanhänger verstärken mit ihrem Verhalten die Negativspirale, indem sie samt ihrer gleichen oder ähnlich skurrilen Einstellung gegenseitig wahrgenommen werden. Die allgemein negative Gefühlslage zwingt das Unterbewusstsein dazu, die Verschwörungsmythen immer wieder auf den vorderen Plätzen im Gedächtnis zu speichern und sie permanent ins Bewusstsein zu rücken. Gleichzeitig sorgen diese Gefühle dafür, dass das Bewusstsein diese Verschwörungs-Informationen begierig aufnimmt und eventuell noch weitere Verschwörungsgedanken fasst, die als interne Informationen erneut ins Gedächtnis wandern. Im Gegensatz zu posttraumatischen Belastungsstörungen oder Depressionen kommt es am Ende der Negativspirale nicht nur zum Tragen von selbst gebastelten Alufolienhauben. Es kommt zu einem unerschütterlichen Glauben an Verschwörungsmythen, begleitet von einer Dauergefühlslage aus Wut, Hass, Groll, Zorn, Unzufriedenheit, Empörung, Unmut, Gewaltphantasien und im Extremfall auch zu den auf Seite erwähnten Gewalthandlungen.

Fazit:

Wir unterschätzen die Macht von Informationen und überschätzen das Denkvermögen der Menschen. Weder Bildung noch Intelligenz schützen vor der Unfähigkeit des Bewusstseins bzw. vor der Pandemie der Dummheit.

Ein Mensch, der keine Herzensbildung genossen hat, der die Fähigkeit des kritischen Denkens nicht erlernt hat oder diese nicht permanent trainiert, ist definitiv anfälliger für Manipulationen jeder Art, besonders für Verschwörungstheorien.

Und wie wir mittlerweile kapiert haben sollten: Für das Unterbewusstsein sind bedrohliche Informationen der Grund, starke negative Gefühle auszulösen, egal ob Fake News, offensichtliche Lügen, Müll oder Mythen. Bedrohliche, negative Informationen rufen stärkere Gefühle hervor als wohltuende, positive Informationen.

Das ist evolutionär logisch, denn dadurch wurden spontane Flucht- oder Kampfhandlungen veranlasst, die ohne Zweifel einen Überlebensvorteil boten.

Indem unser Bioroboter Unterbewusstsein diese bedrohlichen Informationen entsprechend der starken Begleitgefühle in die vorderen Plätze im Gedächtnisregal stopft, legt es die Grundlage für eine Negativspirale.

Es geht los.

Es sei denn, der Bioroboter Unterbewusstsein trifft auf ein Bewusstsein, welches das kritische Denken beherrscht, welches auf Müllinformationen vorbereitet und auf deren „Verarbeitung" trainiert ist.

Falls nicht, wird die uns mittlerweile bestens bekannte Negativspirale vom GIGO-Prinzip unterstütz. Es lautet: „Garbage in - Garbage out", eine Phrase aus der Informatik. Gibt man in einen Computer Müllinformationen ein, erhält

man zwangsläufig auch Müllinformationen auf dem Bildschirm, eben Müll rein - Müll raus.
Unsere Sinnesorgane können Müllinformationen nicht erkennen, und unser Bioroboter Unterbewusstsein kann es schon gar nicht.
Einmal wahrgenommene Müllinformationen werden also in jedem Fall vom Bioroboter Unterbewusstsein verarbeitet. Es werden Begleitgefühle erstellt, nach deren Intensität das Speichern im Gedächtnis erfolgt und die das Bewusstsein beeinflussen.
All das kann nichts und niemand verhindern.
Erst wenn die Müllinformationen im Bewusstsein ankommen, besteht die Möglichkeit, sie kritisch zu überdenken, sie zu hinterfragen, sie als Müll zu identifizieren, sie als Lügen bzw. als alternative Fakten zu entlarven und ihnen damit die ursprünglich starken Begleitgefühle zu nehmen.
Nunmehr ohne starke Begleitgefühle, muss unser Bioroboter diese internen Müllinformationen auf die hinteren Plätze im Gedächtnisregal verschieben und sie werden damit nahezu bedeutungslos.
Voraussetzung für eine erfolgreiche „Mülltrennung“ in unserer Abteilung Bewusstsein ist die Fähigkeit des kritischen Denkens in jeder Gefühlslage. Diese Art zu denken müsste erlernt und ständig trainiert werden. Sie sollte als Hauptfach in den Lehrplänen jeder Bildungseinrichtung enthalten sein.

Leider wird sowohl die Macht bedrohlicher, negativer Informationen als auch das einfache, jedoch höchst folgenreiche GIGO-Prinzip sowohl von Politikern, den

Verantwortlichen für unser Bildungssystem als auch von den Medienschaffenden nahezu komplett ignoriert.

Fazit:

Nur ein im kritischen Denken ausgebildetes und gut trainiertes Bewusstsein ist dazu in der Lage, den überbordenden Gefühlen Wut, Hass, Groll, Zorn, Unzufriedenheit, Empörung, Unmut, Feindschaft entgegen zu treten und sie zu eliminieren.

Eine positive Herzensbildung macht zwar nicht vollständig immun, erschwert jedoch die Akzeptanz von negativen Fake-Informationen im Bewusstsein und auch die vorderen Plätze im Gedächtnisregal sind nicht so leicht mit Müllinformationen und deren Hassgefühlen zu belegen, wenn sie bereits überwiegend mit positiven Informationen besetzt sind.

Doch ohne die Fähigkeit des kritischen Denkens können die vermeintlich bedrohlichen Müllinformationen unser Fühlen, Denken und Handeln und damit unser ganzes Leben unterwandern und beeinflussen.

Wir wiederholen: Weder ein hoher Bildungsgrad noch ein hoher Intelligenzgrad können uns vor dieser Unterwanderung zuverlässig schützen. Ist ein unwissendes und untrainiertes Bewusstsein erst einmal von den Gefühlen Wut, Hass, Groll, Zorn, Unzufriedenheit, Empörung, Unmut, Feindschaft etc. infiziert bzw. überrannt worden, bestehen nur geringe Chancen, diesen Gefühlszustand zu korrigieren. Aber: Die Hoffnung stirbt zuletzt!

Ein erster Hoffnungsschimmer

Zu kurz gekommen ist die Abteilung GD, die wir bisher als passive Lagerhalle mit endlosen Regalreihen betrachtet haben.

Regale, deren vordere Plätze bei sehr vielen menschlichen Zellhaufen durchweg mit negativen Informationen gefüllt sind.

Die Frage ist, wo sind die positiven Informationen (Erlebnisse, Erfahrungen, Glücksmomente, Erkenntnisse) geblieben?

Jeder menschliche Zellhaufen hat schließlich irgendwann, irgendwelche positiven Informationen wahrgenommen, die dann gespeichert wurden. Bei manchen menschlichen Zellhaufen sind sie natürlich unter ferner liefen, ganz hinten, ganz unten im letzten Regal im Gedächtnis. Aber es gibt sie.

Nur wer oder was kann sie finden? Die Abteilung Bewusstsein hat keinen Zugriff auf das Gedächtnis und der Bioroboter Unterbewusstsein ist ja vollauf damit beschäftigt, die negativen Informationen zu verarbeiten, negative Gefühle zu erzeugen und die Negativspirale am Laufen zu halten.

Und doch liegt der Hase genau hier im Pfeffer! Das Bewusstsein ist nämlich auch in einer negativen Gefühlslage/Stimmung prinzipiell dazu in der Lage, die eingehenden negativen Informationen anzuzweifeln, zu überdenken, zu analysieren und damit die Begleitgefühle zu entschärfen. Unser BWS muss unter dem Einfluss negativer Gefühle nicht zwangsläufig negative Gedanken fassen. Es kann sogar „seinen“ Bioroboter Unterbewusstsein intern veranlassen, im Gedächtnis nach

gegenteiligen, positiven Informationen zu suchen oder externe Informationen einzuholen.
Anschließend muss das Unterbewusstsein mit Hilfe der gefundenen positiven Informationen positive Gefühle erzeugen und damit „seine“ Negativspirale unterbrechen. Aber das BWS muss es wollen, es muss es können, es muss es gelernt haben und es muss fit genug sein.

Ein zweiter Hoffnungsschimmer

Sie erinnern sich sicher an die beschriebenen Vorgänge in unserer Fühl- und Denkfabrik, die zu posttraumatischen Belastungsstörungen und zu Depressionen führen:
Bei der posttraumatischen Belastungsstörung ist ein *einschneidendes Negativerlebnis* die Ursache dafür, dass der Hormonhaushalt nachhaltig bzw. dauerhaft gestört wird. Bei Depressionen sind es viele kleine negative Erlebnisse über einen längeren Zeitraum mit dem gleichen Ergebnis. Dabei setzt unser Bioroboter Unterbewusstsein in bewährter Manier jeweils eine Negativspirale in Gang.

Was tun, wenn nun ein nachhaltig gestörter Hormonhaushalt durch die Wahrnehmung von Unmengen Müllinformationen oder vermeintlich bedrohlichen Informationen vorliegt, der von der körpereigenen Homöostase nicht mehr behoben werden kann?
Die auf Seite 107 beschriebene Erzeugung einer Positivspirale hilft nur bedingt weiter, wenn die Abteilung Bewusstsein aufgrund des gestörten Hormonhaushaltes unfähig ist, auch nur annähernd kritisch zu denken, und wenn sie für vernünftige Informationen praktisch verriegelt und verrammelt ist.
Alle Ratschläge, positive Informationen und Tricks prallen praktisch schon am Eingang zum Bewusstsein an einer

unsichtbaren Gefühlswand ab. Hinzu kommt, dass sich der betroffene Zellhaufen in einem Umfeld bewegt, wo überwiegend Informationen geteilt werden, die negative Gefühle verstärken oder zumindest bestätigen und positive Informationen Mangelware sind.
Was also tun?
Wenn *einschneidende Negativerlebnisse* die Macht haben, den Hormonhaushalt eines menschlichen Zellhaufens nachhaltig negativ zu verändern, müssten da nicht *einschneidende Positiverlebnisse* theoretisch auch die Macht haben, einen nachhaltig negativ gestörten Hormonhaushalt wieder ins Gleichgewicht zu bringen?

Dieses Szenario ist durchaus vorstellbar. Voraussetzung ist jedoch eine Veränderung der Gefühlslage des verriegelten und verrammelten Bewusstseins. Dazu müssten die das Bewusstsein beherrschenden Negativgefühle mit den folgenden Maßnahmen „ausgetrocknet" werden.

- Entfernen des betroffenen Zellhaufens aus der „negativen" Szene/Umgebung
- Schaffung eines alternativen Umfeldes (Ersatzszene)
- Totale Abschirmung von negativen Informationen
- Fluten des Unterbewusstseins mit positiven Informationen und Erlebnissen, um „step by step" zwangsweise, positive Gefühle herbeizuführen
- „Pflichtunterricht" im Fach kritisches Denken, Denktraining
- Aufklärung über die automatischen Aktivitäten der Fühl- und Denkfabrik Gehirn
- Herzensbildung.

Wir könnten diese Liste möglicher Maßnahmen noch beliebig fortsetzen. Es ist leicht einzusehen, dass der

Aufwand für eine Umsetzung der vorgeschlagenen Maßnahmen sehr hoch ist und eigentlich weder von einer Familie allein noch von der Gesellschaft gestemmt werden kann. Deshalb gilt auch hier die alte Zahnarztweisheit: ***Vorbeugen ist besser als Bohren.***

Investitionen in Herzensbildung, Denkschulung und Denktraining innerhalb der Bildungssysteme könnten sehr viele Negativspiralen von vornherein verhindern und vielen Verschwörungstheoretikern, Querdenkern und Reichsbürgern damit den „fruchtbaren Boden" entziehen.

Evolution und Sinn des Lebens

Die Evolution hat aus einer Urzelle sämtliche pflanzlichen und tierischen Zellhaufen einschl. des menschlichen Zellhaufens entstehen lassen. Und zwar ohne konkretes Ziel, ohne Zweck und ohne Sinn, einfach so. Evolution stammt von dem lateinischen Wort „evolvere" ab, was „entwickeln" bedeutet. Das Leben auf der Erde hat sich im Einklang mit den jeweiligen „Lebensbedingungen" selbst organisiert bzw. selbst entwickelt. Wir Menschen suchen immer nach einer plausiblen Ursache und/oder nach dem Sinn von etwas. Im Falle der Evolution gibt es zwar eine Ursache für die Entstehung der Urzelle, nämlich die höchst unwahrscheinlichen und von uns nicht reproduzierbaren Entstehungsbedingungen, die zufällig geherrscht haben müssen, damit eine lebende Zelle entstehen konnte. Aber es gibt weder ein Ziel für diese Urzelle, noch erfüllt sie einen Zweck oder gar einen Sinn, sie ist einfach so entstanden.

Wir Menschen sind freilich spitzfindig genug, um hinter allem und jedem einen vermeintlichen Sinn auf zum Teil völlig sinnfreie Weise herbei zu konstruieren. Demzufolge könnte der Sinn eines Steines darin liegen, dass wir uns daran stoßen können. Das wäre dann im wahrsten Sinne ein Stein des Anstoßes. Aber außer uns, die wir uns an diesem Stein stoßen, interessiert dieser Stein niemanden und den Stein selbst interessiert der von uns für ihn erfundene Sinn am allerwenigsten. Wenn wir den Stein allerdings dazu benutzen, eine Mauer oder ein ganzes Haus zu bauen, dann *geben* wir dem Stein tatsächlich einen „Sinn" bzw. einen Zweck, nämlich eine Bedeutung als Baumaterial oder auch ein konkretes Ziel, nämlich Bestandteil einer Mauer oder eines Hauses zu werden. Die Betonung liegt auf *„geben"*. Wir geben dem Stein einen Sinn.

Es ist im Grunde genommen also ganz einfach: wir müssen nicht erfolglos nach dem Sinn des (unseres) Lebens suchen, sondern dem (unserem) Leben einen Sinn geben, indem wir uns möglichst „sinnvoll" verwenden bzw. uns in das Leben dieser unserer Welt in ihrer Gesamtheit einbringen. Wenn wir z. B. etwas Sinnvolles für uns, unsere Familie, Mitmenschen, Gesellschaft, Umwelt usw. tun und dadurch ein zufriedenes oder befriedigendes Leben führen, dann geben wir unserem Leben einen Sinn.

Zugegeben, das klingt einfacher als es ist, zumal wir keinen so richtig freien Willen haben und demzufolge auch nicht immer wissen können, was „sinnvoll" ist.

Freier Wille

Wir haben bisher festgestellt, dass unser gesamtes Fühlen, Denken und Handeln letztlich von der Verarbeitung wahrgenommener Informationen bestimmt wird. Alles, was wir an Wissen „geerbt" haben, muss irgendwann von unseren Vorfahren wahrgenommen und verarbeitet worden sein. Dazu kommt noch epigenetisches Wissen (Instinkte). Alles, was wir darüber hinaus an Wissen in unserem Gedächtnis gespeichert haben, muss von unseren Sinnesorganen wahrgenommen und von unserem Unterbewusstsein zu Repräsentationen verarbeitet worden sein. Sowohl dem Gedächtnis als auch dem Unterbewusstsein ist es völlig egal, ob die im Gedächtnis vorhandenen Informationen geerbt oder gelernt wurden.

Anhand der Hypothese von unserer Fühl- und Denkfabrik wissen wir nun ungefähr, wie wir ticken und welchen Einfluss Informationen auf unser Fühlen, Denken und Handeln haben. Die Ich-Illusion sagt uns zudem, was wir wollen sollen.

Es bleibt die Frage, wie „frei" kann „unser" Wille überhaupt sein?

Wir, das ist eben nicht unser gesamter Zellhaufen mit seiner Fühl- und Denkfabrik Gehirn.

Wir haben weder direkten Zugriff auf unser Unterbewusstsein noch auf unser Gedächtnis.

Wir, das ist „nur" unser Bewusstsein. Und unser Bewusstsein bzw. unser Denken wird maßgeblich vom Unterbewusstsein mit Repräsentationen und den Gedächtnisinhalten gespeist. Haben wir also gar keinen „freien" Willen?

Nun, streng genommen haben wir keinen freien Willen, weil alles davon abhängt, welche Informationen wahrgenommen und vom Unterbewusstsein verarbeitet und gespeichert werden.

Aber unser Bewusstsein hat die Wahl, welche Informationen es zum Fassen von Gedanken, also zum Denken auswählt. Es muss sich nicht ausschließlich auf die internen Informationen aus seinem Gedächtnis oder vom Unterbewusstsein verlassen.
Es kann sich zusätzlich „gezielt" extern informieren. Quellen dafür gibt es reichlich.
Das Problem besteht darin, brauchbare, solide und zuverlässige Quellen von den unseriösen, dubiosen Quellen zu unterscheiden. Dafür gibt es leider kein Patentrezept.
Es gilt, sowohl die Informationen/Repräsentationen als auch die dazugehörigen Quellen kritisch zu hinterfragen. Überdenken, überprüfen und hinterfragen kann dem Bewusstsein bei der Entscheidung helfen, was es für das Fassen von Gedanken verwendet.
Aus dem Wissen wie das Denken funktioniert, kann in uns der Wille entstehen, kritisches Denkvermögen zu erlernen und zu trainieren. Damit können wir (kann unser BWS) z. B. Müllinformationen identifizieren und entsprechend einordnen. Mit diesem Wissen und unseren Erfahrungen können wir damit beginnen, unsere Wahrnehmungen zu steuern und zu kontrollieren. Wir (unser BWS) können zunehmend gezielt überwiegend nur solche Informationen wahrnehmen und vom UBWS verarbeiten lassen, die in uns die Fähigkeiten sowie das Wissen und die Erkenntnisse „reifen" lassen, wie und womit wir unserem Leben einen Sinn geben können.

Fazit

Wir haben zwar keinen „freien Willen“, aber wir haben ein Bewusstsein, das dazu befähigt ist, aus Informationen einen weitgehend „persönlichen“ Willen zu kreieren und somit unser gesamtes Fühlen, Denken und Handeln zu beeinflussen.

Das Bewusstsein stützt sich dabei auf den Informationspool im Gedächtnis (Erfahrungen, Wissen, Erkenntnisse, Überzeugungen) und auf die erlernbare Fähigkeit des kritischen Denkens, sprich der kritischen Verarbeitung von Informationen.

„Kritisch“ bedeutet hier, diverse Informationen sowie deren Verarbeitungsergebnisse in Frage zu stellen, zu beurteilen und ggf. neu zu bewerten.

Ein Mensch, der diese Fähigkeit nicht gelehrt bekommt oder nicht selbst erlernt, wird sein Leben lang überwiegend fremdbestimmt.

Er ist in seinem Fühlen, Denken und Handeln von Informationen abhängig, die sein Wollen bestimmen bzw. manipulieren. Diese Menschen geben ihrem Leben einen Pseudosinn, der ausschließlich von zufällig wahrgenommenen Informationen vorgegeben wird, was sie natürlich nicht wissen und auch nicht ansatzweise ahnen. Es versteht sich von selbst, dass es hier um spezielle Informationen geht. Informationen, die von Menschen zum Zweck der Manipulation anderer Menschen gemacht und gezielt verbreitet werden.

Dem eigenen Leben einen Sinn geben beinhaltet natürlich auch, sich persönliche Ziele zu setzen und diese Ziele auch zu verfolgen.

Auch wenn kindliche Prägung und gesellschaftliche Einflüsse genügend Zwänge verursachen und uns sehr viele Ziele einfach vor die Nase gesetzt werden, wir sollten alle Ziele durch kritisches Denken überprüfen und ggf. korrigieren. Ohne Zweifel eine extrem schwierige Aufgabe, wenn wir bedenken, mit welcher Informationsflut unsere Fühl- und Denkfabrik zu kämpfen hat und dass nur wenige Menschen die Fähigkeit des kritischen Denkens gelehrt bekommen, von Training ganz zu schweigen.
Verschwörungstheoretiker und selbsternannte Querdenker geben ihrem Leben insofern einen Pseudosinn, indem sie stur an ihren kruden Theorien (falsche Informationen) festhalten und sich gegen vernünftige, alternative Informationen abschotten. Kritisches Denken kommt nicht vor, es gehört nicht zu ihrem Repertoire.

Was unterscheidet menschliche von tierischen Zellhaufen?

Was unterscheidet menschliche Zellhaufen von hochentwickelten tierischen Zellhaufen?
Von diversen anatomischen Besonderheiten abgesehen, unterscheiden sich menschliche und tierische Zellhaufen hauptsächlich hinsichtlich der Fähigkeiten der jeweiligen Abteilungen Bewusstsein innerhalb der Fühl- und Denkfabrik Gehirn.
Gemäß unserer Hypothese ist die Abteilung Unterbewusstsein ein Bioroboter und für das „Fühlen" verantwortlich. Fühlen können alle Zellhaufen, sogar stationäre (pflanzliche), weil ja bereits einzelne Zellen fühlen können.

Hingegen ist die Abteilung Bewusstsein für die Fähigkeit „Denken“ zuständig. Wie bereits ausführlich dargelegt, hat sich die Fähigkeit „Denken“ viel später ausgebildet als die Fähigkeit „Fühlen“. Während das „Fühlen“ eine elementare Fähigkeit für das Überleben eines Zellhaufens darstellt, ist das „Denken“ im Prinzip „nur“ eine Ergänzung bzw. eine offensichtlich sehr nützliche Zugabe zum „Fühlen“.
So gesehen ist die Abteilung Bewusstsein lediglich die Folge einer Umstrukturierung innerhalb der Fühlfabrik Gehirn, um das Denken zu forcieren. Grundsätzlich gilt für uns menschliche Zellhaufen folgendes Zitat frei nach dem großen Loriot:

...leben ohne denken ist möglich, aber sinnlos.

Offensichtlich bietet das Denken einen größeren Überlebensvorteil, als es das Fühlen allein kann. Andernfalls hätte es sich nicht etablieren können. Im Laufe der Jahrtausende gewann die Abteilung Bewusstsein immer mehr an Profil und die Fähigkeit „Denken“ erlangte im Gegensatz zum Fühlen eine immer größere Bedeutung für das Wohlergehen eines menschlichen Zellhaufens.

Zur Erinnerung: Ohne die Fähigkeit „Denken“ hätten es die menschlichen Zellhaufen nie an die Spitze der Nahrungskette geschafft.
Aus der Fühlfabrik Gehirn wurde irgendwann im Verlauf der Evolution eine Fühl- und Denkfabrik Gehirn und später, zumindest bei den meisten menschlichen Zellhaufen, sogar eine Denk- und Fühlfabrik. Allerdings mit sehr großen Unterschieden hinsichtlich der Qualität des Denkens.

Im Gegensatz zu den menschlichen Zellhaufen verlief die Umstrukturierung der Gehirne von tierischen Zellhaufen sehr unterschiedlich. Wir können mittlerweile davon ausgehen, dass einige Tierarten sehr wohl eine Abteilung Bewusstsein haben und somit auch in der Lage sind zu denken. Allerdings kann bisher kein tierischer Zellhaufen trotz vorhandenem Bewusstseins auch nur annähernd das Niveau des „menschlichen Denkvermögens" erreichen. Einschränkend müssen wir leider konstatieren, dass einige Exemplare menschlicher Zellhaufen bei bestimmten Themen das Denkvermögen tierischer Zellhaufen nicht wirklich übertreffen, vielfach sogar unterschreiten.

Von unschätzbaren Vorteil für die Herausbildung und Entwicklung des menschlichen Denkvermögens war die Entwicklung der Sprache. Lesen wir dazu die Meinung von Experten:

Vor fünf bis sieben Millionen Jahren entwickelten sich Menschen und Menschenaffen getrennt. Seitdem gab es etwa 20 Millionen genetische Mutationen. Ein paar davon können dazu geführt haben, dass wir aufrecht gehen, keine Ganzkörperbehaarung mehr haben und dass wir sprechen können. Die Fähigkeit des Menschen zu sprechen, ist einzigartig im Tierreich. Menschenaffen zeigen zwar auch ein hochkomplexes, menschenähnliches Sozialverhalten und lernen schnell, doch sprechen können sie nicht. Verantwortlich dafür könnte ein Gen mit der Bezeichnung Fox P2 sein. Sowohl Menschenaffen als auch wir Menschen haben es. Allerdings ist dieses Gen bei uns Menschen minimal verändert. ***Dieser kleine Unterschied könnte dazu geführt haben, dass wir Menschen sprechen können****.*

(Quelle: planet-wissen.de; Prof. Wolfgang Enard; Ludwig-Maximilians-Universität München).

Affen und auch Hunde und Papageien können Wörter lernen. Dabei assoziieren sie ein abstraktes Symbol oder einen akustischen Reiz mit einem Objekt. Lose aneinandergereihte Wörter ergeben aber noch keine Sprache. Erst, wenn sie nach festen Regeln in endlos vielen Kombinationsmöglichkeiten aneinander gefügt werden, ergeben sie eine Bedeutung. Tiere schaffen das nicht, selbst unsere nächsten Verwandten nicht. ***Affen kommunizieren, Menschen reden und haben Sprache.***
(Quelle: Angela D. Friederici; Max-Planck-Institut für Kognitions- und Neurowissenschaften)

Drei Meilensteine bei der Evolution des Denkens

Meilenstein 1: Sprache

Mit Hilfe der Sprache können wir menschlichen Zellhaufen unsere Wahrnehmungen, unsere Gefühle und unsere Gedanken in Worte fassen und sie dadurch anderen Zellhaufen übermitteln.
Mit Hilfe der Sprache können wir Gedanken fassen.
Mit Hilfe der Sprache können wir Informationen bewerten, Probleme analysieren, Aufgaben lösen und wir können Entscheidungen treffen. Wir denken in Sprache!

Meilenstein 2: Schrift

Der zweite Meilenstein bei der Evolution des Denkens war die Schrift. Nutzten die ersten Bilderschriften Piktogramme (grafische Darstellungen von Informationen), setzten sich mit der Zeit Buchstabenschriften durch, bei welchen die Schrift den Lauten angepasst wurde. Das vereinfachte das Schreiben und Lesen enorm. Mit Hilfe der Schrift können wir Gedanken fixieren bzw. konservieren.

Damit sind wir in der Lage, auch komplexe Gedankengänge zu konservieren, zu verbreiten, sie jederzeit erneut wahrzunehmen und sie aufgrund neuer Wahrnehmungen jederzeit zu überarbeiten und zu verändern. Mit Hilfe der Schrift ist es möglich, Wissen sowohl horizontal (von Mensch zu Mensch) als auch vertikal (über Generationen) weiterzugeben.

Logisches Denken, das Verstehen komplizierter Zusammenhänge und das Lösen diffiziler Aufgaben sind nur mit Hilfe von Sprache und Schrift möglich. Analphabeten haben hier deutliche „Denkdefizite“.

Es wird zwischen verschiedenen Arten von Analphabetismus unterschieden:

Von "primärem" Analphabetismus spricht man, wenn ein Mensch keinerlei Schreib- und Lesefähigkeiten erworben hat.
"Sekundärer" Analphabetismus bedeutet, dass eine Person in der Schule Lesen und Schreiben gelernt, diese Kenntnisse nach der Schulzeit jedoch wieder verlernt hat.
"Funktionaler Analphabetismus" beschreibt Menschen, deren Lese- und Schreibfähigkeiten nicht ausreichen, um den gesellschaftlichen Anforderungen gerecht zu werden.
(Quelle: Bundeszentrale für politische Bildung vom 08.09. 2019).

Ca. 14 % der erwerbsfähigen Bevölkerung Deutschlands leiden an funktionalem Analphabetismus. Rund 7 Mio. Mitbürger können zwar einzelne Sätze lesen oder schreiben, jedoch den Sinn nicht verstehen. Daraus folgt, dass sie nicht in der Lage sind, kritisch zu denken.

Sie sind negativen und falschen Informationen hoffnungslos ausgeliefert und somit bedeutend anfälliger für Verschwörungsmythen, Lügen, Werbeversprechen, Fake News und Manipulationen jeder Art.
Aber nicht nur die oben beschriebenen „Opfer" eines mangelhaften Bildungssystems bilden „fruchtbaren Boden" für Desinformationen. Auch die zunehmende Digitalisierung unserer Gesellschaft hat teilweise dramatisches Folgen:

Merkmal der Generation Y (Jahrgänge ab 1980) und Generation Touch und Wisch (Jahrgänge ab 1995):
Die linke Gehirnhälfte, die für logisches Denken, Abstraktes, Analytisches, Schrift und zeitliches Nacheinander zuständig ist, verkümmert zusehends.
Stattdessen wird die rechte Gehirnhälfte gestärkt, die sich um Formen, Bilder, Gestaltung, Intuition, und gefühlsmäßiges Denken kümmert.
Das bedeutet in der Praxis, dass rund jeder 6. die Straßenverkehrsordnung nicht verstehen kann, die Anleitung für seinen PKW nicht begreift und die Sicherheitsunterweisungen im Flugzeug ungelesen beiseitelegen wird.
(Quelle: boedoc.de; Analphabetismus; Prof. Dr.-Ing. Ulrich Thiele; 2014)

Meilenstein 3: Buchdruck
Johannes Gensfleisch, genannt Gutenberg, gilt als Erfinder des modernen Buchdrucks mit beweglichen Metalllettern und der Druckerpresse. Die Verwendung von beweglichen Lettern ab 1450 revolutionierte die herkömmliche Methode der Buchproduktion und löste in Europa eine Medienrevolution aus. (Quelle: Wikipedia).

Damit war es erstmals in der Geschichte der Menschheit möglich, Wissen in Form von Büchern in großer Stückzahl zu moderaten Preisen herzustellen und zu verbreiten. Trotzdem, ein der Antike vergleichbares Niveau der Herstellung und Aneignung von Schrift wurde erst zum Ende des 18. Jahrhunderts wieder erreicht.
Im Mittelalter und zu Beginn der frühen Neuzeit war der Anteil der Lese- und Schreibkundigen gering und konzentrierte sich in den Städten sowie an den Höfen und im Klerus. (Quelle: Wikipedia)

Mitte des 18. Jahrhunderts konnten nur rund 10 % der Erwachsenen Bevölkerung Lesen. Um 1800 war die Anzahl auf rund 25 % angestiegen, um 1870 waren es bereits 75 % und im Jahre 1900 war die lesende Bevölkerung auf 90 % angewachsen.
(Quelle: www.grin.com)

Fazit:
Das Handeln der menschlichen Zellhaufen mit einem leistungsfähigen Gehirn wurde auch nach der Abspaltung von den Menschenaffen vom Unterbewusstsein und dessen Fähigkeit „Fühlen“ bestimmt. Erst sehr viel später kam die Fähigkeit „Denken“ als Ergänzung dazu und unterstützte das Fühlen beim Erzeugen von Handlungen. Spätestens mit den erlangten Fähigkeiten Sprechen, Schreiben und Lesen war das „Denken“ in der Lage, das „Fühlen“ beim Erzeugen von Handlungen zu „überholen“. Fortan war das Bewusstsein mit seinem verbesserten Denken und den oben beschriebenen Fähigkeiten Sprechen, Lesen und Schreiben in der Lage, die vom Unterbewusstsein erarbeiteten Repräsentationen (Informationen) und Gefühle zu bewerten, daraus neue

Gedanken zu entwickeln und damit maßgeblich das Handeln mit zu bestimmen. Das klingt nach einem echten Fortschritt. Aber leider, schon wieder Pustekuchen. Die Fähigkeiten Sprechen, Lesen und Schreiben können zwar den Denkvorgang selbst auf ein höheres Niveau heben. Aber die Inhalte, die Gedanken bzw. die Denkrichtung werden von anderen Faktoren bestimmt. Hierzu gehören die bereits behandelte kindliche Prägung (Herzensbildung), die Persönlichkeitsentwicklung infolge der Informationen aus dem jeweiligen Umfeld (Erlebnisse, Erfahrungen, Erkenntnisse) sowie die erlernbare Fähigkeit zum kritischen Denken.

Ein hoher Bildungsgrad sowie ein hoher Grad an Intelligenz kann in Verbindung mit Herzensbildung, Denkschulung und Denktraining für das Fühlen, Denken und Handeln von Vorteil sein.

Fehlen jedoch die Herzensbildung und die Fähigkeit zum kritischen Denken, dann kippt das Fühlen und Denken trotz Bildung und Intelligenz sehr schnell ins Negative und das Handeln der menschlichen Zellhaufen wird leider immer abstruser.

Die Pandemie der Dummheit kann sich weltweit fast ungehindert verbreiten. Die Verbindung von Dummheit und Intelligenz, die „Dummergenz“, wirkt für die Pandemie der Dummheit regelrecht beflügelnd. Dies ist kein Schreckensszenario, sondern bittere Realität.

Wenn Sie dieses Büchlein bis hierher aufmerksam und gründlich gelesen und dabei hoffentlich viel nach- und mitgedacht haben (Lesen ist Denken mit einem fremden Gehirn), sollten Sie um sehr viel Wissen über und Verständnis für unsere Fühl- und Denkfabrik reicher sein.

Sicher haben Sie beim Lesen bemerkt, dass sich einige Erläuterungen mehrfach in verschiedenem Kontext wiederholen. Dahinter steckt unsere unverhohlene Absicht, den entsprechenden Sachverhalt möglichst „unvergessbar" in ihr Gedächtnis zu verfrachten bzw. ***„verstandenes Wissen"*** in Ihrem Gedächtnis zu speichern.
Wenn Sie hingegen den Text nur so vor sich hin gelesen haben und vielleicht aufgrund Ihres guten Gedächtnisses sogar einige Textpassagen rezitieren können, dann haben Sie lediglich „***vorhandenes Wissen***" (Chauffeurwissen) und eigentlich nicht viel dazu gelernt.
Chauffeurwissen ist ein weit verbreitetes Phänomen in allen Bereichen der Gesellschaft und ein Ergebnis unseres am Falschdenkersyndrom leidenden Bildungssystems. Ganze Generationen von Schülern und Auszubildenden werden mit teils nutzlosem Wissen vollgestopft, anstatt das Hauptaugenmerk auf das „Verstehen" von Zusammenhängen, auf das „Problemlösen" und auf das Denkvermögen inkl. kritisches Denken zu richten. Das Ergebnis sind Menschen mit „Chauffeurwissen" in vielen verantwortlichen Positionen in nahezu allen Teilen der Gesellschaft, in der Politik, in der Wirtschaft, der Industrie usw. Aber damit nicht genug, zum Chauffeurwissen gesellt sich das passende SABTA-Verhalten.
SABTA: *__s__elbstsicheres __A__uftreten __b__ei __t__otaler __A__hnungslosigkeit.* (Quelle: Schwarmdumm. So blöd sind wir nur gemeinsam von Gunter Dueck).

Unsere Demokratie inkl. freier Wahlen sind eine tolle Errungenschaft. Über Jahrzehnte hat sich das Mehrparteiensystem bewährt. Allerdings ist die Frage berechtigt, ob dieses System für künftige Generationen in einer immer stärker ausgeprägten digitalisierten

Informationsgesellschaft mit einem steigenden Anteil von „Chauffeurwissenden“ noch taugt. Schon jetzt wird das Wahlverhalten zunehmend von Desinformationen bestimmt, und die Vernunft bleibt außen vor. Doch damit nicht genug. Die Pandemie der Dummheit grassiert ohne Rücksicht auf Intelligenz und Bildung.

Die Negativspiralen in den Fühl- und Denkfabriken der menschlichen Zellhaufen nehmen drastisch zu. Das Fühlen und Denken vieler menschlicher Zellhaufen wird, ähnlich wie das Wahlverhalten auch, von Desinformation und Negativspiralen bestimmt und führt zu abstrusen Handlungen (Pegida-Aufmärsche, sogenannte Montagsspaziergänge gegen die Corona-Maßnahmen etc.)

Wenn große Teile der Bevölkerung aus allen Schichten trotz Wohlstand, Bildung und Intelligenz nur Chauffeurwissen besitzen, deshalb falsch oder gar nicht eigenständig denken, sich nach dem SABTA-Prinzip verhalten und aufgrund der Pandemie der Dummheit falsch fühlen, denken und falsch handeln, was wird uns da die Zukunft bringen? Kann die Demokratie mit diesem Dilemma fertig werden oder macht die Dummheit die Demokratie kaputt? Ansätze dazu sind in vielen europäischen Ländern bereits sichtbar.

Hoffen wir, dass die Vernunft siegt. Die Hoffnung stirbt zuletzt, das stimmt schon. Aber auch was zuletzt stirbt, ist irgendwann tot.

Um den Tod der Hoffnung noch etwas hinaus zu zögern, hier die wichtigsten Thesen dieses Büchleins zusammengefasst in Kurzform:

10 Thesen der Hypothese zur Fühl- und Denkfabrik Gehirn

These 1

Unsere Fühl- und Denkfabrik Gehirn besteht aus den fiktiven Abteilungen ***Gedächtnis, Unterbewusstsein und Bewusstsein***.

These 2

Die Abteilung ***Gedächtnis*** ähnelt einem Raum voller Regale. In diesen Regalen werden alle Informationen, (alles Wissen, alle Erlebnisse, Erfahrungen, Erkenntnisse) vom Unterbewusstsein gespeichert und verwaltet. Wir, das Bewusstsein haben keinen Zugriff auf das Gedächtnis. Wenn wir bewusst etwas „suchen" oder uns an etwas erinnern wollen, dann übernimmt automatisch unser Unterbewusstsein (die Suchmaschine) und durchforstet die Gedächtnisregale. Natürlich ohne Logik und ohne Verstand, leider.

These 3

Die Abteilung ***Unterbewusstsein*** ist für ***das Fühlen*** zuständig. Denken kann in dieser Abteilung niemand. Die Arbeitsweise ähnelt einem superschnellen Bioroboter, der Informationen verarbeitet, indem er sie mit den Gedächtnisinhalten vergleicht und anschließend Gefühle veranlasst. Bedrohliche Informationen bekommen starke Begleitgefühle, wohltuende Informationen bekommen hingegen vergleichsweise schwache Begleitgefühle. Die Informationen mit den stärksten Begleitgefühlen bekommen die besten Plätze im Gedächtnisregal.

These 4

Die ersten Gedächtnisinhalte nach der Geburt sind entweder genetisch vererbt oder von den Vorfahren erlernt und epigenetisch vererbt – wir sprechen von Instinkten. Von Geburt an wird das Gedächtnis zunehmend mit Erlebnissen, Erfahrungen, Erkenntnissen und den dazugehörigen Gefühlen gefüllt. Damit können Informationen besser hinsichtlich der zu veranlassenden Begleitgefühle abgeglichen und in entsprechender Reihenfolge gespeichert werden.

These 5

Die Abteilung Bewusstsein steht für das Denken und damit für eine bewusste Verarbeitung von Informationen. Die Abteilung Bewusstsein ist das eigentliche „ich" in unserem Zellhaufen. Sie ist die Abteilung, die mit Informationen Gedanken fassen und die Entscheidungen entgegen den vom Unterbewusstsein gelieferten Gefühlen treffen kann. Beispiel: Das Gefühl „Wut" will unter allen Umständen zuschlagen, der „vernünftige" Gedanke sagt „stopp", der andere ist viel stärker, lass uns gehen. Die Abteilung Bewusstsein ist die einzige Institution unseres Zellhaufens, die Kontrolle über die Arbeit des Unterbewusstseins haben kann.

These 6

Bewusstsein und Unterbewusstsein verstehen sich nicht, weil das Unterbewusstsein nicht zwischen positiv oder negativ, gut oder böse und ja oder nein unterscheiden kann. Jede vom Bewusstsein gedachte und/oder von den Sinnesorganen wahrgenommene „Verneinung" wird vom Unterbewusstsein ohne „nein" gespeichert.

Beispiel: Von der Information „Rauchen ist nicht gesund“ verwendet das Unterbewusstsein nur „Rauchen“ und „gesund“. Das klingt zwar paradox, aber es gibt sehr viele Hinweise darauf, dass es so ist und keinen einzigen, der dagegen spricht. Wenn wir uns beispielsweise bewusst vornehmen, bestimmte Gedanken „nicht“ zu denken, dann kommen uns diese ungewollten Gedanken erst recht ständig ins Bewusstsein. Der Grund dafür ist unser Unterbewusstsein. Es kann das *„nicht“* nicht verarbeiten. Einem Verschwörungstheoretiker, dessen vorderste Speicherplätze im Gedächtnis mit allerlei kruden Ideen und den dazu passenden Angst-, Wut- und Hassgefühlen belegt sind, klar machen zu wollen, dass „Bill Gates nicht das Blut kleiner Kinder trinkt“, ist hoffnungslos.
Das Unterbewusstsein des Verschwörungstheoretikers registriert nur „Bill Gates trinkt Blut von kleinen Kindern“, die Verneinung „nicht“ wird ignoriert bzw. wird nicht verstanden und deshalb auch nicht mit gespeichert.

These 7
Das erste Problem des Bewusstseins besteht darin, dass es grundsätzlich alle *Gefühle abbekommt*, die vom Unterbewusstsein veranlasst werden. *Gefühle beeinflussen das Fassen von Gedanken*! Wenn unser Bewusstsein mit schlechten Gefühlen belastet ist, trifft es andere Entscheidungen als unter guten Gefühlen.

Das zweite Problem des Bewusstseins besteht darin, dass es alle *Informationen* vom Unterbewusstsein bekommt. Es hat keinen direkten Zugriff auf die Gedächtnisinhalte. Es hat keine Ahnung davon, was Unterbewusstsein und Gedächtnis so treiben. Es bildet sich ein, alles selbst zu können (Ich-Illusion).

Das dritte Problem des Bewusstseins besteht darin, dass es mit der Geburt nicht sofort denken kann. Das Denken muss ihm gelernt werden, wie einem Zellhaufen das Laufen gelernt werden muss. Kritisches Denken muss möglichst lebenslang gelernt, geübt und trainiert werden. Leider ist die Fähigkeit „kritisches Denken" bis heute bestenfalls ein Zufalls- oder Nebenprodukt unserer Bildungssysteme.

These 8

Informationen bestimmen unser Fühlen, Denken und Handeln. Dafür wurde unsere Fühl- und Denkfabrik von der Evolution zurechtmutiert. Seit wir allerdings in einer Informationsgesellschaft leben, wird diese unsere Fühl- und Denkfabrik regelmäßig von Informationsströmen überflutet. Das konnte die Evolution leider nicht vorausahnen. Deshalb ist die evolutionär jüngste Abteilung unserer Fühl- und Denkfabrik Gehirn, unser Bewusstsein, regelmäßig mit den Informationsströmen überfordert.

Wo kommen diese „Informationsströme" her?

Nun, der erste Informationsstrom (eher ein Informationsbächlein) kommt von den inneren Organen, Muskeln usw., die das Unterbewusstsein ständig über das Wohlbefinden des Zellhaufenkörpers informieren und ggf. Energie einfordern.

Der zweite, umfangreichste Informationsstrom kommt von den Sinnesorganen.

Diese liefern zum Teil Millionen „Informationsimpulse" pro Sekunde an das Unterbewusstsein, welches aus den „Impulsen" wieder komplette Bilder (Szenen etc.), sogenannte Repräsentationen der Wirklichkeit herstellt und gleichzeitig Begleitgefühle veranlasst.

Der Strom aus Repräsentationen überschreitet durch den täglichen, unkontrollierten Medienkonsum regelmäßig den kritischen Pegelstand dessen, was das Bewusstsein rein zeitlich überdenken könnte. Das Unterbewusstsein hingegen ist schnell genug, alle Repräsentationen am Bewusstsein vorbei ins Gedächtnis zu befördern. Wir haben keinerlei Kontrolle darüber, was alles so in unserem Gedächtnis schlummert.

Den dritten Informationsstrom stellt das Unterbewusstsein aus den Gedächtnisinhalten zusammen. Je mehr Müllinformationen gespeichert sind, umso mehr Müll „schwimmt im Strom".
Alle drei Informationsströme zusammen bilden den Informations-Tsunami, der das Bewusstsein überflutet. Das GIGO-Prinzip lässt grüßen!

These 9
Ein Bewusstsein, das unter Tsunamibedingungen arbeiten muss, kann zwischen zwei Möglichkeiten wählen:

Möglichkeit 1:
Es kann versuchen, so viel als möglich der angelieferten Informationen inkl. Gefühle kritisch zu hinterfragen, es kann zusätzliche Informationen von soliden externen Quellen (Internet, Bücher etc.) „einholen" und vom Unterbewusstsein „anliefern" lassen. Das alles will gelernt sein. Es ist mühselig und kostet Zeit und Energie.

Möglichkeit 2:
Es kann aber leider auch den bequemeren Weg gehen und kritiklos alles für bare Münze nehmen, was das Unterbewusstsein völlig ahnungslos anschleppt, inkl. Müllinformationen und Fake News. Das spart Zeit und Energie. Aber das Ergebnis? Das Ergebnis merkt der Betroffene in den meisten Fällen nicht. Wer sich und sein

Handeln nicht hinterfragen kann, der kann auch keine Fehler eingestehen.

These 10

Unsere Fühl- und Denkfabrik Gehirn ist evolutionär auf Energiesparen konditioniert, weil bei unseren tierischen Vorfahren Energiereserven einen Überlebensvorteil boten. Viele Menschen investieren deshalb zu wenig Energie in ihr Denken.
Das dadurch entstehende Wissens- und Erkenntnisdefizit führt zwangsläufig zu Fehlern beim Denken und Handeln. Der Clou ist jedoch: Damit lässt sich auch ganz komfortabel leben. Wer nimmt sich schon Zeit, kritisch über eine Müllinformation nachzudenken, wenn doch schon die nächsten schönen Müllinformationen bei den Sinnesorganen eintrudeln.
Es ist doch weiß Gott viel einfacher und bequemer, Müllinformationen und sinnfreie Unterhaltung über uns ergehen zu lassen. Es schadet doch niemanden, das GIGO-Prinzip ist nicht bekannt oder wird ignoriert. Und wir sparen obendrein Energie.
Dabei wäre in unserer Informationsgesellschaft gerade die Fähigkeit des kritischen Denkens von Vorteil. Aber wer weiß das schon und wer denkt schon soweit?

Fazit:

Wenn Sie unsere Hypothese über die Funktions- und Arbeitsweise unserer Fühl- und Denkfabrik Gehirn aufmerksam und bewusst gelesen, durchdacht und verstanden haben, dann hat Ihr Bewusstsein ab sofort ein Problem.

- *Es kann nicht mehr behaupten, alles selbst und schon gar nicht alles richtig zu machen.*
- *Es weiß nun, dass im Hintergrund das schnelle aber gewissenlose Unterbewusstsein alle Fäden zieht.*
- *Es weiß, dass sowohl die aktuell als auch die irgendwann einmal wahrgenommenen Informationen vom Unterbewusstsein nach der Intensität der Begleitgefühle und/oder nach der Häufigkeit ihres Vorkommens im Gedächtnis gespeichert werden und beim geringsten Anlass nach den gleichen Kriterien wiedergefunden werden können.*
- *Es weiß auch, dass das Unterbewusstsein die Informationen weder nach gut oder schlecht, noch nach richtig oder falsch bewerten und Verneinungen, Lügen, Fake News und alternative Fakten nicht erkennen kann.*
- *Und es weiß, dass Informationen unser Fühlen, Denken und Handeln, also unser ganzes Leben beeinflussen.*

Kurz gesagt, es ist vorbei mit der Ich-Illusion! Es ist vorbei mit dem angeblich „freien" Willen und mit dem vermeintlich „selbstbestimmten" Leben!

Ab sofort müssen Sie (muss Ihr Bewusstsein) die totale Manipulation durch Informationen durchschauen, denn Sie haben die Arbeitsweise Ihrer Fühl- und Denkfabrik Gehirn verstanden.

Ab sofort können Sie sich mit kritischem Denken schrittweise von Manipulationen jeder Art befreien.
Wenn die gewonnenen Erkenntnisse mit Gefühlen der Überraschung, des Erstaunen oder auch der Freude (Faszination) einher gegangen sind, werden sie bzw. wird dieses neu erlangte Wissen von Ihrem Unterbewusstsein im Alltagsregal Ihres Gedächtnisses ganz vorn platziert und beim geringsten Anlass gefunden.

Damit könnten diese Erkenntnisse fortan Ihr Denken und Handeln bestimmen!
Das bedeutet eine neue Lebensqualität, mit der Sie aufhören, nach dem Sinn des Lebens zu suchen und anfangen, dem Leben einen Sinn zu geben.

Wenn nicht, dann lesen Sie halt dieses Büchlein oder bestimmte Abschnitte mehrfach und denken lange und intensiv darüber nach, damit Ihrem Unterbewusstsein nix anderes übrig bleibt, als günstige Speicherplätze im Alltagsregal zu belegen.
Ab sofort sind Sie (ist Ihr Bewusstsein) überwiegend mitverantwortlich für Ihr Denken und Handeln.

Wenn Sie Ihrem Bewusstsein jetzt noch genügend Zeit und Ruhe gönnen, werden Sie garantiert weniger anfällig für Manipulationen jeder Art und können Ihr weitgehend selbstbestimmtes Leben endlich genießen.

Das kann richtig Spaß machen!

Epilog

Das Überleben eines mobilen Zellhaufens hängt seit Jahrmillionen von der Umwelt und den herrschenden Bedingungen (Klima, Nahrung, Feinde etc.) ab.
Um auf diese jeweils herrschenden Umgebungsbedingungen reagieren zu können, verfügen alle mobilen Zellhaufen in Abhängigkeit von ihrem Lebensraum über spezielle Sinnesorgane zur Wahrnehmung entsprechender „Informationen über die Welt“. Die wahrgenommenen Informationen werden im Gehirn zu Gefühlen verarbeitet und anhand dieser Gefühle werden Handlungen zum Überleben des mobilen Zellhaufens erzeugt. Für diese Aktivitäten braucht das Gehirn lediglich die Abteilungen Unterbewusstsein und Gedächtnis. Wohlgemerkt: Dieses Fühlen und Handeln ist das Ergebnis der „Verarbeitung wahrgenommener Informationen im Gehirn“ und es findet ohne uns (ohne unser Bewusstsein) und ohne Denken statt. Es hat demzufolge mit bewusstem Denken nichts zu tun. Im Gegenteil, es ist "leben ohne denken". Dieses "leben ohne denken" konnten grundsätzlich alle mobilen Zellhaufen von Anfang an, und die meisten praktizieren es noch heute. Alle Zellhaufen fühlten, alle handelten und ab einem gewissen Zeitpunkt fraß man sich gemäß der Nahrungskette gegenseitig auf. Das erscheint zumindest aus unserer heutigen Sicht im wahrsten Sinn des Wortes sinnlos, aber einen Sinn hatte das Ganze sowieso nicht.
Der Sinn von etwas kam erst mit dem Denken in die Welt, vorher gab es keinen Sinn.
Erst seit wir uns (seit sich unser BWS) in die Verarbeitung von Informationen "einmischen", also seit wir bewusst das Fühlen und seine Ergebnisse (Handlungsanweisungen)

überarbeiten, ggf. verändern und damit Einfluss auf unser Handeln nehmen, können wir von Denken sprechen.
Mit der Entstehung der Nahrungskette, bzw. mit dem großen Fressen und Gefressen werden, stiegen die Anforderungen an die Verarbeitung von Informationen (an das Fühlen und Handeln) im täglichen Überlebenskampf. Bei einigen mobilen Zellhaufen entwickelten sich im Gehirn, praktisch als nützliche Ergänzung zum Fühlen, die ersten schemenhaften Gedanken. Im weiteren Verlauf der Evolution wurde die Abteilung Bewusstsein im Gehirn „installiert", was nichts anderes heißt, als dass sich bestimmte Netzwerke im Gehirn aufgrund der Anforderungen und mit viel Zufall die ersten zaghaften Fähigkeiten vom Denken angeeignet haben.
Bei menschlichen Zellhaufen haben sich, auch aufgrund der speziellen anatomischen Gegebenheiten und mit Hilfe von zufällig auftretenden Mutationen, diese Fähigkeiten (zu denken) am besten entwickelt. Allerdings ist die Fähigkeit „Denken" für evolutionäre Zeiträume relativ „neu". D. h. im Gegensatz zur bereits in jeder Körperzelle etablierten und im Zellhaufen von Anfang an voll ausgeprägten Fähigkeit „Fühlen", ist die Fähigkeit „Denken" lediglich im Gehirn „veranlagt".
Die „Ausprägung" erfolgt mittels eines Lernprozesses bzw. durch die Interaktion mit der Umwelt und den jeweils prägenden Informationen. Wie wir wissen, ist das Denken menschlicher Zellhaufen normalerweise nicht mit den unterschiedlichen „Denkfähigkeiten" tierischer mobiler Zellhaufen zu vergleichen. Ausnahmen bei einigen menschlichen Zellhaufen bestätigen die Regel.

Fakt ist, indem wir uns (indem sich unser Bewusstsein) in das Fühlen einmischten, also bewusst die Gefühle und die dazugehörigen Handlungsanweisungen hinterfragten und ggf. veränderten, begannen wir menschlichen Zellhaufen mit dem Denken.

Nach unserer Hypothese ist es schlichtweg falsch, die beiden Fähigkeiten des Gehirns, das Fühlen und das Denken in einen Topf zu werfen. Auch wenn sich Fühlen und Denken gegenseitig beeinflussen und sich diese beiden Hirnaktivitäten hinsichtlich des Erzeugens von Handlungen nicht immer sauber trennen lassen: Fühlen ist Sache der Abteilungen Unterbewusstsein und Gedächtnis, Denken ist Sache der Abteilung Bewusstsein.

Wichtig: Während Unterbewusstsein und Gedächtnis auch ohne Bewusstsein funktionieren, ist das Bewusstsein ohne die Zuarbeit von Unterbewusstsein und Gedächtnis arbeitsunfähig. Daraus folgt, ein schwaches Bewusstsein wird von Unterbewusstsein und Gedächtnis dominiert, ein starkes Bewusstsein dominiert seine „Lieferanten bzw. Mitarbeiter" Unterbewusstsein und Gedächtnis.

Wenn alle drei Abteilungen unter der Führung des Bewusstseins gemeinsam zusammenarbeiten, sind sie zu absoluten Höchstleistungen fähig.

D. h., richtig gutes Denken kann das Fühlen und das Handeln „regieren" bzw. steuern oder bestimmen (siehe Positivspirale). Falsches oder unzureichendes Denken führt dazu, dass Falschinformationen weitgehend das Fühlen und Handeln bestimmen können (siehe Negativspirale). Weil das Denken im Gegensatz zum Fühlen keine angeborene Fähigkeit des Gehirns ist , muss es erlernt werden. Es gilt: Ohne Fleiß, kein Preis, und der Preis ist in diesem Fall ein weitgehend selbstbestimmtes Leben, welches aus Denken, Fühlen und Handeln besteht - eben nicht aus Fühlen, Denken und Handeln - die Reihenfolge macht den Unterschied. Dabei muss niemand alles selbst denken bzw. alle Gedanken selbst fassen. Das wäre damit vergleichbar, dass jedes Individuum „das Rad neu erfinden" müsste. Im Gegenteil, wir können uns für unser Denken aus einem riesigen Wissenspool, dem Weltwissen bedienen.

Weltwissen beschreibt das einem Individuum verfügbare allgemeine Wissen, Kenntnisse und Erfahrungen über Umwelt und Gesellschaft. Es bezeichnet die in jedem lebenden Organismus gespeicherten Informationen über die Welt, in der er lebt und ohne die dieser Organismus nicht überleben könnte. Das Weltwissen ermöglicht es, neue Tatsachen einzuordnen und entsprechend zu handeln, auch wenn detaillierte Informationen fehlen. Zum Weltwissen gehören zum Beispiel Hintergrundwissen und enzyklopädisches Wissen (Quelle: Wikipedia).

Und natürlich gehören „fremde Gedanken" zum Weltwissen. Nicht umsonst meint Jorge Luis Borges „Lesen ist Denken mit einem fremden Gehirn".
Ein sehr großer Teil der von uns täglich wahrgenommenen Informationen besteht aus bereits von anderen menschlichen Zellhaufen gedachten Gedanken. Diese speichert unser Unterbewusstsein im Gedächtnis ab. In den Phasen unseres Daseins, wo keine konzentrierte Wahrnehmung erfolgt (wo wir „nicht bei der Sache" sind), liefert unser Unterbewusstsein permanent automatische Gedanken aus dem Gedächtnis in das Bewusstsein, die wir nicht bewusst herbei gedacht haben und auch nicht herbei denken wollten. Fakt ist, das Unterbewusstsein nutzt jede Phase der Unaufmerksamkeit bzw. Unkonzentriertheit, um uns irgendwelche Gedanken unterzujubeln.

Entweder sind es irgendwann wahrgenommene fremde Gedanken oder wir haben sie irgendwann schon einmal selbst gedacht.
Die Grenzen sind fließend, denn weder das Unterbewusstsein noch das Gedächtnis unterscheiden zwischen fremdgedacht (externe Informationen/fremde Gedanken), und selbstgemacht (interne Informationen/selbst gefasste Gedanken).
Diese Vermischung fremder und eigener Gedanken ist gleichzeitig Fluch und Segen für unser Denken und u. a. eine der Ursachen für die „ich-Illusion".
Einerseits bereichern fremde, kluge Gedanken unser Denken, andererseits manipulieren fremde, schlechte Gedanken unser Denken. Die Kunst besteht darin, beides voneinander zu unterscheiden. Und hier kommt wieder das überaus wichtige kritische Denken ins Spiel. Sowohl unser Denken als auch unser Fühlen bestimmen unser Handeln und damit unser Leben.

Wenn wir überwiegend unsere Gefühle „handeln" lassen, bestimmen letztlich die wahrgenommenen Informationen unser Handeln, denn sie erzeugen die Mehrzahl der Gefühle. Noch schlimmer: Menschen „machen" extra schlechte Informationen und verleiten uns, diese wahrzunehmen.
Damit erzeugen sie bei uns schlechte Gefühle, die wiederum unser Handeln bestimmen.
Es ist vergleichsweise leicht, uns auf diese Art zu manipulieren, wenn wir das kritische Denken nicht anwenden bzw. nicht beherrschen. Unsere Fähigkeit zu Denken verkümmert oder bleibt auf niedrigem Niveau.

Es liegt an uns, denn das Wissen um diese Vorgänge in unserer Denk- und Fühlfabrik Gehirn bedeutet Macht, es nicht zu wissen macht uns machtlos.

Indem wir die wahrgenommenen Informationen kritisch überdenken und „überlegt“ handeln, übernehmen wir nicht nur die Macht über unser Handeln, sondern zum Teil auch über unsere Gefühle. Wenn wir Lügen als solche entlarven, werden die ursprünglich erzeugten negativen Begleitgefühle bedeutungslos. Das heißt natürlich nicht, dass wir unsere Gefühle grundsätzlich und permanent ignorieren können oder sollen. Im Gegenteil, ohne Gefühle wären wir nur Maschinen. Gute Gefühle machen unser Leben lebenswert. Negative Gefühle hingegen wie z. B. Wut, Neid, Hass, Eifersucht, Angst, Verzweiflung etc. gehören zwar selbstverständlich auch zu uns, aber wir sollten sie “im Zaum halten“.
Die Handlungen, die wir infolge dieser Gefühle begehen, schaden in der Regel nicht nur unseren „menschlichen und/oder tierischen Mitzellhaufen“, sondern auch uns selbst.
Fassen wir also noch einmal kurz zusammen: Es liegt an uns, ob wir unser Gehirn als eine Denk- und Fühlfabrik oder als eine Fühl- und Denkfabrik nutzen. Gutes Denken ist ohne Zweifel schwerer zu erlernen als Fahrradfahren, denn es gibt definitiv mehr gute Fahrradfahrer als gute Denker. Zum Überleben ist beides nicht zwingend erforderlich. Aber nochmal: ***...leben ohne denken ist möglich, aber sinnlos!***

Literaturempfehlungen

Folgende Autoren/Bücher können wir für Interessierte empfehlen:

Autor	**Buchtitel**
Bauer, Joachim	*Das Gedächtnis des Körpers*
Bauer, Joachim	*Das kooperative Gen*
Bauer, Joachim	*Prinzip Menschlichkeit*
Bauer, Joachim	*Schmerzgrenze*
Bauer, Joachim	*Warum ich fühle, was du fühlst*
Birbaumer, Nils	*Dein Gehirn weiß mehr als du denkst*
Blackmore, Susan	*Die Macht der Meme*
Bonhoeffer/Gruss	*Zukunft Gehirn*
Bryson, Bill	*Eine kurze Geschichte von fast allem*
Csikszentmihalyi, Mihaly	*Flow im Beruf*
Damasio, Antonio	*Descartes Irrtum*
Damasio, Antonio	*Selbst ist der Mensch*
Dawkins, Richard	*Das egoistische Gen*
Dawkins, Richard	*Der entzauberte Regenbogen*
Dawkins, Richard	*Der Gotteswahn*
Dawkins, Richard	*Gipfel des Unwahrscheinlichen, Wunder der Evolution*
De Bono, Edward	*De Bonos neue Denkschule*
Dobelli, Rolf	*Die Kunst des klugen Handelns*
Dobelli, Rolf	*Die Kunst des klaren Denkens*
Dörner, Dietrich	*Die Logik des Misslingens*
Dueck, Gunter	*Schwarmdumm*
Eckholdt, Matthias	*Kann das Gehirn das Gehirn verstehen?*
Fisher, Len	*Schwarmintelligenz*
Frith, Chris	*Wie unser Gehirn die Welt erschafft*

Fuchs, Jürgen	*Willkommen in der Gehirn-WG*
Gabriel, Marcus	*Der Sinn des Denkens*
Gazzaniga, Michael	*Die Ich Illusion*
Dörner, Dietrich	*Die Logik des Misslingens*
Gigerenzer, Gerd	*Das Einmaleins der Skepsis*
Gigerenzer, Gerd	*Klick*
Dörner, Dietrich	*Die Logik des Misslingens*
Greenfield, Susan	*Reiseführer Gehirn*
Harari, Yuval Noah	*Eine kurze Geschichte der Menschheit*
Hobson, Allen J.	*Das optimierte Gehirn*
Hüther, Gerald	*Die Macht der inneren Bilder*
Hüther, Gerald	*Etwas mehr Hirn bitte*
Kahneman, Daniel	*Schnelles Denken, langsames Denken*
Kutschera, U.	*Tatsache Evolution*
Largo, Remo H.	*Lernen geht anders*
Lauxmann, Frieder	*Vom Nutzen des unnützen Denkens*
Lipton, Bruce	*Intelligente Zellen*
Lipton, Bruce; Bhaerman, Steve	*Spontane Evolution*
Mai, Jochen; Rettig, Daniel	*Ich denke, also spinn ich*
Margulies, Lynn	*Die andere Evolution*
Maslow, Abraham	*Motivation und Persönlichkeit*
Medina, John	*Gehirn und Erfolg*
Orwell, George	*1984*
Orwell, George	*Die Farm der Tiere*
Parianen, Franca	*Woher soll ich wissen, was ich denke, bevor ich höre, was ich sage*

Pinker, Steven	*Denken - wie das Denken Im Kopf entsteht*
Pöppel, Ernst, Wagner, Beatrice	*Traut Euch zu denken*
Precht, Richard David	*Jäger, Hirten, Kritiker*
Precht, Richard David	*Wer bin ich, und wenn ja, wie viele*
Ratey, John	*Das menschliche Gehirn*
Reinhard, Rebekka	*Die Sinn-Diät*
Renz-Polster, Herbert	*Kinder verstehen*
Roth, Gerhard	*Fühlen, Denken, Handeln*
Roth, Gerhard	*Persönlichkeit, Entscheidung und Verhalten*
Schmid, Wilhelm	*Dem Leben Sinn geben*
Singer, Wolf	*Der Beobachter im Gehirn*
Singer, Wolf	*Ein neues Menschenbild*
Singer, Wolf; Richard, Matthieu	*Hirnforschung und Meditation*
Spitzer, Manfred	*Digitale Demenz*
Spitzer, Manfred	*Dopamin und Käsekuchen*
Spitzer, Manfred	*Geist im Netz*
Spitzer, Manfred; Bertram, Wulf	*Braintertainment*
Stangneth, Bettina	*Böses Denken*

Sie sehen schon, es sind eine Menge fremder Gehirne, mit denen Sie bei Bedarf ein bisschen herumdenken können. Wenn Sie dazu weder Zeit noch Energie aufbringen wollen, aber trotzdem die eine oder andere Frage zu unserem Büchlein haben, hier unsere Mailadressen, „da werden Sie geholfen“:

Hans Georg Hoyer
hansghoyer@gmail.com

Thomas Zipsner
thomas.zipsner@gmail.com